お客さまに教えてあげたい
「もらい忘れ年金」の
見つけ方

社会保険労務士

當舎 緑　林 裕子

近代セールス社

はじめに

　日本の公的年金制度は、現役世代が年金受給者を支えるという仕組みです。

　1941（昭和16）年の労働者年金保険法に始まった年金制度は、その後、厚生年金保険法へと改正され、被保険者の範囲が工場等の男性労働者に加えてホワイトカラーの労働者や女性にも広がりました。1959（昭和34）年には国民年金法が制定され、1961（昭和36年）4月から全面施行されました。これにより、すべての国民が公的年金制度の対象となる国民年金の仕組みが完成しました。

　その後、厚生年金保険はJR、NTT、JT等の共済や農林共済の統合を経て、2015（平成27）年10月にはすべての被用者年金が厚生年金保険に統合されました。その結果、日本の年金制度は、1階部分が国民年金、2階部分が厚生年金、3階部分が企業年金や基金、確定拠出年金と統一された構成となりました。

　日本の公的年金は、これまで様々な制度が併存したことと、それらを統合したために、全体としてかなり複雑な制度となっています。まさに人生の数だけ年金のカタチは異なるという様相です。

　本書は、複雑な年金制度のせいで自分では気づきにくい「もらい忘れ年金」について、本人を含め周囲の人が気がつくための数々のヒントをまとめています。

　本書が「もらい忘れ年金」を請求するためのきっかけとなることができれば幸いです。

2019（平成31）年1月31日

社会保険労務士　當舎　緑

社会保険労務士として年金の相談や手続きにたずさわるなか、お客さまが
あまりにも年金についてご存じないことに驚くことがあります。「まだ早い
からもらわない」「納付していない期間があるから少なくて当然」「勤めた会
社名を思い出せないから年金はむり」「遺族年金をもらっているから他の年
金はもらえない」——。これらの誤解や遠慮から、大切な年金をもらい忘れ
ているケースに多く直面します。また、心臓ペースメーカーや人口関節の装
着などは障害年金の受給や障害者特例が利用できる可能性があるのに、制度
をご存じないため請求していない人が多いのも事実です。

　本書を手に取られる金融機関の皆さまは、お客さまから結婚・出産・退職
などのライフイベントや、ケガ・入院などのアクシデントの相談を受け、日々
トータルにサポートされていると思います。そんなとき、『これ、年金に関
係あるかも？』と思い出して、お客さまにそっとアドバイスができるように
との願いを込めて、本書を執筆しました。担当のお客さまに当てはまりそう
なケースをピックアップし、お客さまトークのきっかけにしてください。

　通常の年金請求時と違って、もらい忘れ年金の発見や複数の年金の有利な
選び方（選択替え）などは、説明も手続きも複雑です。そのため、実際の手
続きはお客さまご自身が年金事務所等の相談・手続き窓口に行かれるほうが
よいのですが、そのもらい忘れ年金の「気づき」や「きっかけ」のお声かけ
ができれば、この金融機関とお付き合いしていてよかったと、きっと思って
いただけることでしょう。

2019（平成31）年 1 月31日

社会保険労務士　林　裕子

contents

第3章

知っておきたい上乗せ年金

第4章

それってホント!? 障害年金でよくある誤解

第5章

それってホント!? 遺族年金でよくある誤解

それってホント!?
年金受給でよくある誤解

Introduction

もらい忘れの年金を知る前に、
まずは、年金に関して誤解の多い項目について
ご紹介します。
よくいただく皆さまの疑問にお答えしながら、
誤解を解き、年金に興味を持って
いただくことから始めましょう。

1 60歳台前半で 年金を受け取るのは損？

Q 今年60歳となり勤め先の会社で定年を迎え、その後は契約社員として65歳まで再雇用されます。私の場合、62歳から年金がもらえるようなのですが、「ねんきん定期便」を見ると、62歳よりも65歳のほうが年金額が高いようです。ということは、62歳でもらうのは損で、65歳まで待ったほうがお得でしょうか。

A いいえ、60歳台前半の年金は据え置いても増えません。年金の受給権が発生する62歳の時点ですぐに請求の手続きを行いましょう。

✎ ここが POINT! 60歳台前半の年金受給には条件がある

　会社勤めの人が受け取る老齢厚生年金は、原則65歳から支給されますが、60歳台前半で一定の受給資格を満たせば、特別支給の老齢厚生年金を受け取ることが可能です（図表1）。

（60歳台前半に年金を受け取るための条件）

☑ 老齢年金の**受給資格（10年）**を満たし、**厚生年金保険等の加入期間が1年以上あること**。

☑ 厚生年金保険に加入していないか、加入していたとしても**一定の給与額以下であること**（▶ 在職老齢年金の支給停止　12ページ参照）。

💬 用語解説「特別支給の老齢厚生年金」
1985（昭和60）年の法改正により、厚生年金保険の支給開始年齢が60歳から65歳に引き上げられたことにともない、支給開始年齢を段階的にスムーズに引き上げるために設けられた制度。特別支給の老齢厚生年金には報酬比例部分と定額部分があり、生年月日と性別により支給開始年齢が異なる。

図表1　「特別支給の老齢厚生年金」ってなあに？

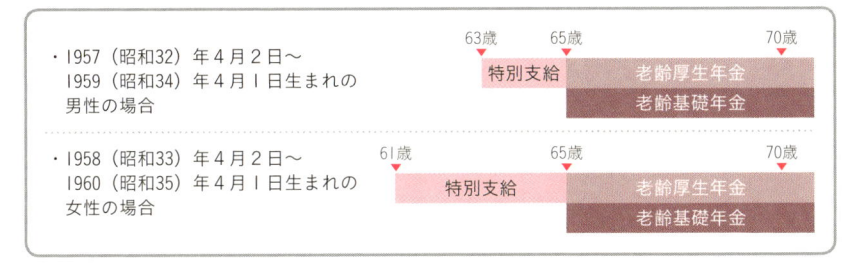

・1957（昭和32）年4月2日〜
1959（昭和34）年4月1日生まれの
男性の場合

・1958（昭和33）年4月2日〜
1960（昭和35）年4月1日生まれの
女性の場合

> 　厚生年金保険に1年以上加入して、老齢年金の受給資格期間を満たした方は、年齢によって、65歳よりも前に特別支給の老齢厚生年金（報酬比例部分）という年金の受給権が発生します。支給開始年齢を迎えたら、速やかに請求の手続きを行うようにおすすめしましょう。

　一般に「早く受け取る年金」といった場合、特別支給の老齢厚生年金のほかに、繰上げ受給の年金があります。詳しくは後述しますが、繰上げ受給とは、原則65歳支給の老齢基礎年金を、60歳から65歳になるまでの間に繰り上げて受けるというものです。

　この繰上げ受給の年金は、請求時点に応じて年金が減額され、減額された年金が一生変わりません。

　一方、60歳台前半の特別支給の老齢厚生年金は、65歳以降の老齢厚生年金が減額されるわけではありませんし、受給開始を遅らせたからといって増額しません。

　60歳台前半の年金については、以上のように、特別支給の老齢厚生年金と繰上げ受給の老齢基礎年金を混同しないようにアドバイスする必要があるでしょう。

✏️ ここが POINT! 生年月日に応じて支給開始年齢が異なる

　特別支給の老齢厚生年金の受給権は、性別および生年月日によって発生する時期が異なります（図表2）。まずは、厚生年金保険の加入が1年以上ある方の受給権がいつ発生するのか、図表2を見ながら確認しておきましょう。

図表2　支給開始年齢スケジュール

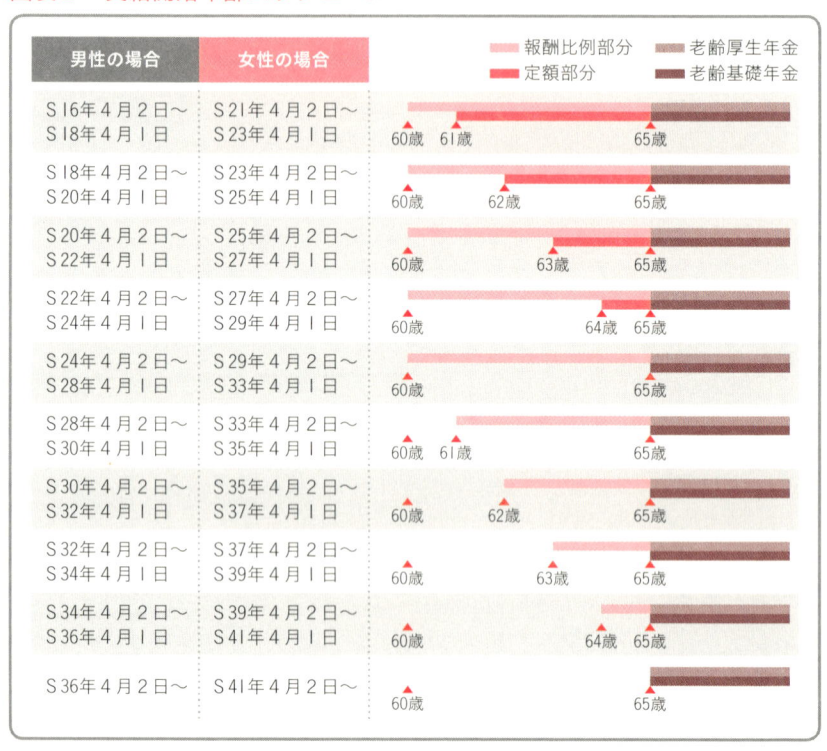

※公務員期間の特別支給の老齢厚生年金は女性であっても男性と同じ支給開始年齢となる。

ここがPOINT！ 将来の年金見込額は「ねんきんネット」で確認を

　将来、年金をどれだけ受け取れるかは、日本年金機構、もしくは共済の窓口などで正しい情報を入手しましょう。日本年金機構のホームページからねんきんネットに登録しておくと、年金記録や将来の年金見込額などを確認することができて便利です（図表3）。

図表3　日本年金機構の「ねんきんネット」への登録

※「ねんきんネット」を利用するには、利用登録を行ってユーザIDの取得が必要となります。なお、登録の際には、基礎年金番号、メールアドレスが必要となります。基礎年金番号は、年金手帳や年金証書などで確認することができます。最初の利用登録の際、アクセスコードの有無を聞かれますが、無くても登録可能です。

2 『働いていると年金は受け取れない』というのは本当!?

Q 来年に定年を迎え、それ以降は契約社員として65歳まで同じ会社に勤める予定です。同期の社員から『60歳以降も働いていると年金はもらえないよ』と聞かされましたが本当でしょうか。私の場合（1958（昭和33）年12月生まれ）、年金は63歳から受け取れるようですが…。

A 年金は、働いていても受け取ることが可能です。ただし、賃金と年金額によっては年金額が少なくなったり、全くもらえなくなることがあります。支給停止された部分は退職後に受け取ることはできません。正確な金額については、年金事務所で確認してください。

✎ ここが POINT!　在職中に年金を受け取ると年金が支給停止されることも

　働きながら受ける老齢厚生年金のことを在職老齢年金と言います（図表4）。在職老齢年金を受ける場合、年金額の全部または一部が支給停止されることがあります（図表5）。

💬 用語解説「在職老齢年金」

60歳以上65歳未満の方で、厚生年金保険に加入しながら老齢厚生年金を受けるときは、基本月額（年金額を12で割った額）と総報酬月額相当額（毎月の賃金（標準報酬月額）＋1年間の賞与（標準賞与額）を12で割った額）に応じ、年金額が支給停止（全部または一部）される場合がある。また、65歳以上で厚生年金保険に加入しながら老齢厚生年金を受ける方（70歳以上の在職者も含む）は、65歳未満の方とは別の在職老齢年金の仕組みによって、年金額が支給停止（全部または一部）される場合がある。

〔60歳台前半の在職老齢年金の仕組み〕

- ☑ 年金と賃金（年収÷12ヵ月）の合計額が28万円までは、年金の全額が支給される。◀全部支給
- ☑ 年金と賃金（年収÷12ヵ月）の合計額が28万円を超えると、超えた分の1／2を年金から差し引く。◀一部停止または全部停止※
- ☑ 賃金（年収÷12ヵ月）が47万円を超えるときは、下記の金額を年金から差し引く。◀一部停止または全部停止※

（47万円＋年金－28万円）×1／2＋（賃金－47万円）

※一般的に、経営者・役員など報酬額が多いケースでは全部停止となる場合が多い。

〔60歳台後半の在職老齢年金の仕組み〕

- ☑ 年金と賃金（年収÷12ヵ月）の合計額が47万円以下のときは、年金の全額が支給される。◀全部支給
- ☑ 年金と賃金（年収÷12ヵ月）の合計額が47万円を超えると、超えた分の1／2を年金から差し引く。◀一部停止

※老齢基礎年金については、働いて報酬があったとしても調整はされず、全額支給される。
※「28万円」「47万円」はいずれも平成31年度価額。毎年見直される。

💬 用語解説 「総報酬月額相当額」

給与が高いと年金が調整されるが、調整される給与のことを総報酬月額相当額と言う。標準報酬月額とは、毎年4、5、6月の給料の平均を標準報酬月額表に当てはめたもので、この標準報酬月額に従前12ヵ月の賞与の12分の1を足したものを総報酬月額相当額と言う。

図表 4　在職老齢年金の一般的な仕組み

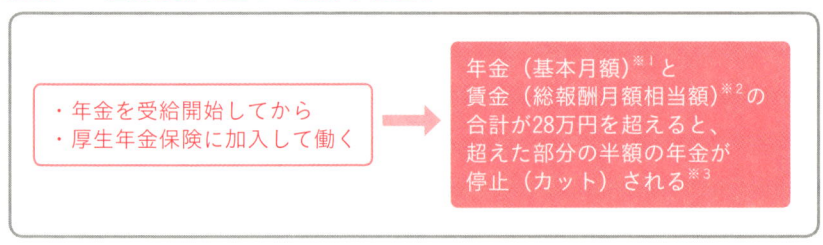

・年金を受給開始してから
・厚生年金保険に加入して働く

→ 年金（基本月額）※1と賃金（総報酬月額相当額）※2の合計が28万円を超えると、超えた部分の半額の年金が停止（カット）される※3

※1　年金（基本月額）とは、厚生年金保険の報酬比例部分の1／12（基金加入期間のある方は基金の代行部分も含む）。

※2　賃金（総報酬月額相当額）とは、{（その月の標準報酬月額）＋（その月以前1年間の標準賞与額）}の1／12。

※3　厚生年金保険に加入していなければ、年金の停止（カット）はない。

図表 5　在職老齢年金の年金カットの仕組み（65歳前）

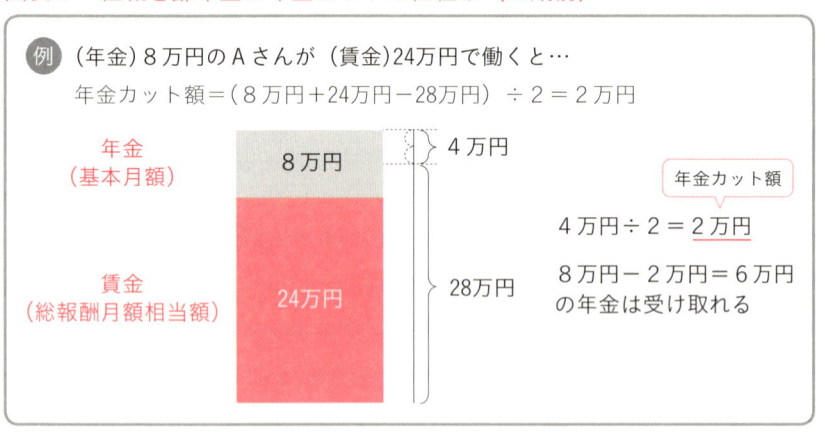

例　（年金）8万円のAさんが（賃金）24万円で働くと…
年金カット額＝（8万円＋24万円−28万円）÷2＝2万円

年金
（基本月額）　8万円　　4万円

賃金
（総報酬月額相当額）　24万円　　28万円

年金カット額
4万円÷2＝2万円
8万円−2万円＝6万円の年金は受け取れる

※総報酬月額相当額が47万円以上の場合、別の計算式になる。

ここが POINT!　雇用保険の給付を受けると年金の一部が支給停止に

　次に覚えておきたいのは、年金と雇用保険の関係です。雇用保険の高年齢雇用継続給付と特別支給の老齢厚生年金は併給できます。

　高年齢雇用継続給付とは、雇用保険の被保険者期間が5年以上ある、60歳以上65歳未満の雇用保険の被保険者の方の賃金額が、60歳時点で給与が低下した時に雇用保険から支給されるものです。60歳到達時の75％未満に賃金が

低下した方を対象として、最大で賃金額の15％に相当する額が雇用保険から支給されます。

　年金は在職中であれば調整されますが、さらに高年齢雇用継続給付を受け取ることによる調整（最大で標準報酬月額の６％）がかかります（図表６）。60歳以降、社会保険に加入して働く方は、賃金と年金、高年齢雇用継続給付の３つの関係をしっかりと理解することが大切です。

💬 用語解説「高年齢雇用継続給付」

雇用保険の加入期間が５年以上ある60歳から65歳の方、賃金額が60歳到達時の75％未満になった方を対象に、賃金額の0.44〜15％に当たる額が支払われる雇用保険の給付。賃金額との合計で359,899円が上限（平成30年８月１日現在。毎年８月に変更される）。高年齢雇用継続給付を受け取るためには、最初に受給資格があるかどうかをハローワークで確認してもらい、その後２ヵ月ごとに支給申請する必要がある。申請は自分でも可能だが、管轄は会社管轄のハローワークとなるため、会社に代行申請を依頼しておくことも可能。

図表６　年金支給停止の仕組み

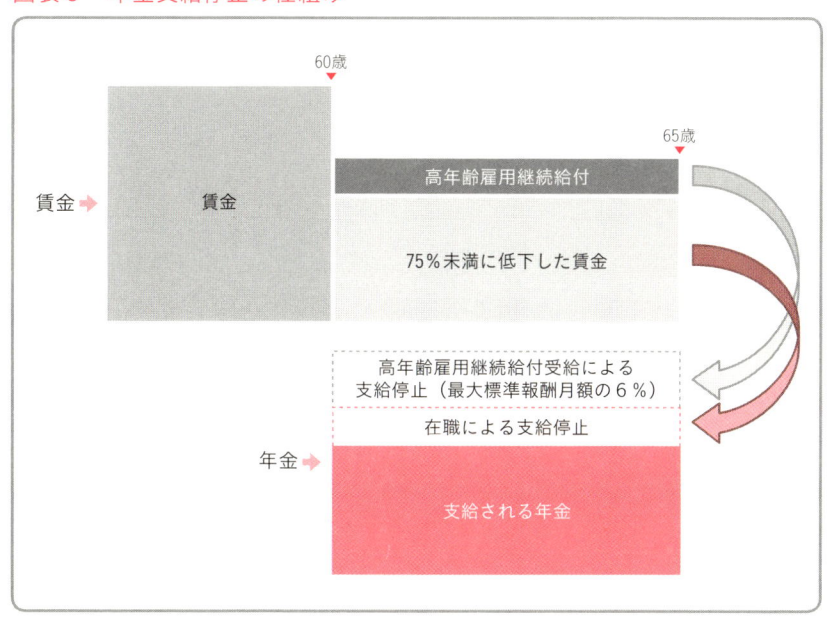

コラム❶ | 失業給付を受けると年金は全額支給停止に

　雇用保険の失業給付を受けると、年金は全額支給停止となります。具体的には、ハローワークで求職の申込みを行った日の属する月の翌月から失業給付の受給期間が経過した日の属する月（または所定給付日数を受け終わった日の属する月）まで、年金が全額支給停止されます。

　なお、求職の申込みをした後で、基本手当を受けていない月がある場合、その月分についての年金はすぐに支給されず、約3ヵ月後の支給となります。また、基本手当の受給期間が経過した後の年金の支給開始は、約3ヵ月後となります（図表7）。

図表7　失業したときの雇用保険と年金の関係（例）

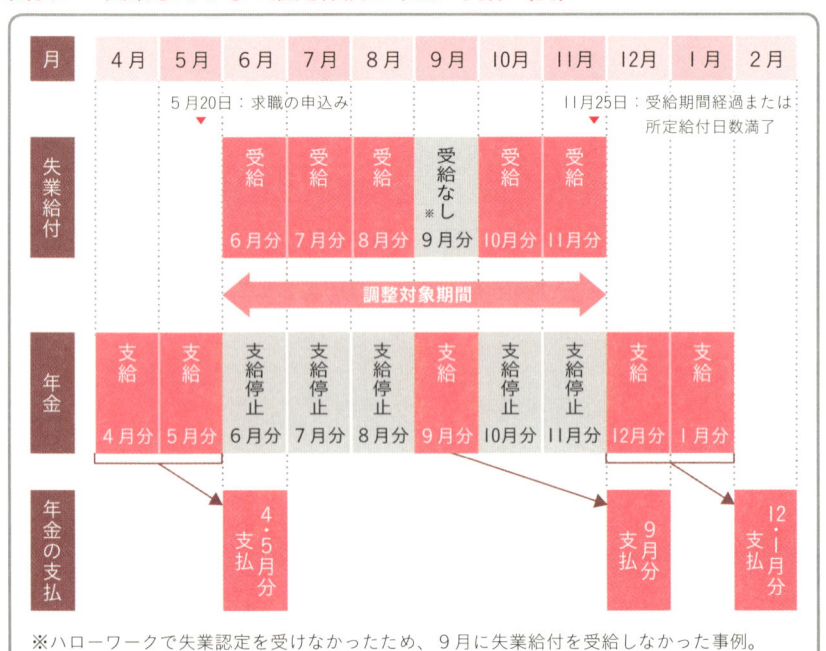

※ハローワークで失業認定を受けなかったため、9月に失業給付を受給しなかった事例。

（出所）日本年金機構パンフレットに基づき作成。

3 繰上げ受給して少しでも 早くもらうのが得？

Q 「60歳を過ぎれば年金を早く受け取る制度がある」と聞きました。早くもらったほうが、結果的に年金を多く受け取ることができるような気がしますが、どうでしょうか。

A 老齢年金には、支給開始年齢よりも早く受け取る「繰上げ受給」や遅く受け取る「繰下げ受給」という制度があります。繰上げ受給、繰下げ受給にはメリット・デメリットを理解したうえで、慎重に判断しましょう。

✎ ここが POINT！ 年金は65歳支給開始よりも早く受け取ることができる

本ケースは、特別支給の老齢厚生年金のことではなく、65歳という、本来の支給開始年齢より早く受け取る場合の質問です。この場合、年金を多く受けられるかどうかの損得を聞かれても、「人の寿命はわかりませんので年金の損得は誰にもわかりません」というのが回答になります。

本来65歳から受け取れる年金を早くもらうことを<u>繰上げ受給</u>と言います。繰上げ受給をすると、65歳から受けるはずだった年金額が減額されたり、障害年金や寡婦年金などの受給権があってもどちらか一方しか受けられないなど、デメリットもあるため、繰上げ受給を行うかどうかについては、慎重な判断が求められます。

💬 用語解説「繰上げ受給・繰下げ受給」

老齢基礎年金は原則として65歳から受け取ることができるが、60歳から65歳になるまでの間でも繰り上げて受けることができる。ただし、繰上げ受給の請求をした月数に応じて年金が減額され、その減額率（繰上げ請求月から65歳になる月の前月までの月数×0.5％）は一生変わらない。また、老齢基礎年金や老齢厚生年金は65歳で請求せずに66歳以降70歳までの間で申し出た時から繰り下げて請求できる。繰下げ率は、繰下げの請求をした月数に応じて年金額が増額される（65歳に達した月から繰下げ申出月の前月までの月数×0.7％）。

　図表8（20〜21ページ）を見てみましょう。65歳時点で受け取れる老齢基礎年金は780,100円（平成31年度価額）ですが、それを、繰上げもしくは繰下げしたとして、累計額を計算しました。繰上げしても繰下げしても、長生きをすれば、本来の年齢で支給開始をしたほうがいいという結果になります。一方、短命であるなら、先に多くもらえるということで、繰上げをすると得をしたともいえるでしょうが、こればかりは、寿命がわからないと損得は判断できないのです。

✎ ここが POINT! 　老齢厚生年金も繰上げ受給を請求することができる

　特別支給の老齢厚生年金の支給開始年齢が61歳になる1953（昭和28）年4月2日以降生まれの男性（女性は1958（昭和33）年4月2日以降生まれの方）は、60歳から65歳に達するまでの間に老齢厚生年金を繰り上げて請求することができます。

　繰上げ受給の老齢厚生年金の年金額は、60歳から65歳に達するまでの請求時の年齢に応じて、本来の老齢厚生年金の年金額から、政令で定める額が減じられた額となります（図表9）。

　なお、この老齢厚生年金の繰上げを請求する人は、老齢基礎年金も同時に繰上げ請求することになります。

図表9　老齢厚生年金の繰上げ受給

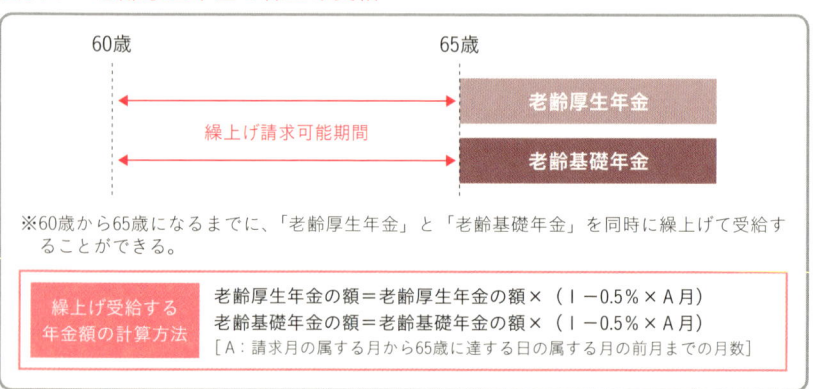

✒ ここが POINT! 繰上げ受給は年金額が減額され、元に戻せない

　いったん、繰上げ受給や繰下げ受給の申出をした後に、撤回することはできません。繰上げ受給、繰下げ受給のメリット・デメリットを理解したうえで、慎重な判断をするようおすすめしましょう（図表10、11）。国民年金と厚生年金保険では、注意点が多少異なります（図表10、11の下線部分）。

　繰上げ受給・繰下げ受給は、図表8では年ごとになっていますが、実際は月単位で申し出ができます。減額率、増額率も月数で計算されます。なお、繰下げ受給は66歳以降からしかできません。

図表10　国民年金の繰上げ受給、繰下げ受給の注意点

繰り上げて受け取る場合	繰り下げて受け取る場合
・いったん繰上げ請求すると変更ができない。 ・減額された年金額が一生続く。 ・65歳になるまで遺族年金と繰上げ受給の国民年金はどちらか一方しか受け取れない。 ・請求後、障害になっても、障害年金が受け取れない場合がある。 ・国民年金の任意加入ができない。 ・寡婦年金を受ける資格がない。	・繰り下げて受け取るまで、<u>振替加算が支給されない（振替加算は増額されない）</u>。 ・繰下げ待機中に、遺族や障害の年金受給権が発生した場合、その月から繰下げするか65歳から年金を遡及するかどうかの選択となる。

図表11　厚生年金保険の繰上げ受給、繰下げ受給の注意点

繰り上げて受け取る場合	繰り下げて受け取る場合
・いったん繰上げ請求すると変更ができない。 ・減額された年金が一生続く。 ・65歳になるまで、繰上げ受給の厚生年金保険と遺族年金はどちらか一方しか受け取れない。 ・請求後、障害になっても、障害年金が受け取れない場合がある。 ・<u>国民年金の任意加入ができない。</u> ・国民年金の寡婦年金を受け取る資格がない。	・繰り下げて受け取るまで、<u>加給年金は支給されない（加給年金の増額もない）</u>。 ・繰下げ待機中、障害年金の受給権が発生しても、その月から繰下げするか、65歳から遡及して受け取るかどうかの選択となる。

図表8　老齢基礎年金の繰上げ受給・繰下げ受給累計額の比較（単位：円）

受給開始年齢	60歳	61歳	62歳	63歳	64歳
	繰上げ受給				
支給率	70.0%	76.0%	82.0%	88.0%	94.0%
60歳	546,070				
61歳	1,092,140	592,876			
62歳	1,638,210	1,185,752	639,682		
63歳	2,184,280	1,778,628	1,279,364	686,488	
64歳	2,730,350	2,371,504	1,919,046	1,372,976	733,294
65歳	3,276,420	2,964,380	2,558,728	2,059,464	1,466,588
66歳	3,822,490	3,557,256	3,198,410	2,745,952	2,199,882
67歳	4,368,560	4,150,132	3,838,092	3,432,440	2,933,176
68歳	4,914,630	4,743,008	4,477,774	4,118,928	3,666,470
69歳	5,460,700	5,335,884	5,117,456	4,805,416	4,399,764
70歳	6,006,770	5,928,760	5,757,138	5,491,904	5,133,058
71歳	6,552,840	6,521,636	6,396,820	6,178,392	5,866,352
72歳	7,098,910	7,114,512	7,036,502	6,864,880	6,599,646
73歳	7,644,980	7,707,388	7,676,184	7,551,368	7,332,940
74歳	8,191,050	8,300,264	8,315,866	8,237,856	8,066,234
75歳	8,737,120	8,893,140	8,955,548	8,924,344	8,799,528
76歳	9,283,190	9,486,016	9,595,230	9,610,832	9,532,822
77歳	9,829,260	10,078,892	10,234,912	10,297,320	10,266,116
78歳	10,375,330	10,671,768	10,874,594	10,983,808	10,999,410
79歳	10,921,400	11,264,644	11,514,276	11,670,296	11,732,704
80歳	11,467,470	11,857,520	12,153,958	12,356,784	12,465,998
81歳	12,013,540	12,450,396	12,793,640	13,043,272	13,199,292
82歳	12,559,610	13,043,272	13,433,322	13,729,760	13,932,586

※平成31年度価額（780,100円）をもとに計算。繰上げ受給・繰下げ受給は月単位で可能。各支給
　率は各年齢到達時に受給した場合。

65歳	66歳	67歳	68歳	69歳	70歳
	繰下げ受給				
100.0%	108.4%	116.8%	125.2%	133.6%	142.0%
780,100					
1,560,200	845,628				
2,340,300	1,691,256	911,157			
3,120,400	2,536,884	1,822,314	976,685		
3,900,500	3,382,512	2,733,471	1,953,370	1,042,214	
4,680,600	4,228,140	3,644,628	2,930,055	2,084,428	1,107,742
5,460,700	5,073,768	4,555,785	3,906,740	3,126,642	2,215,484
6,240,800	5,919,396	5,466,942	4,883,425	4,168,856	3,323,226
7,020,900	6,765,024	6,378,099	5,860,110	5,211,070	4,430,968
7,801,000	7,610,652	7,289,256	6,836,795	6,253,284	5,538,710
8,581,100	8,456,280	8,200,413	7,813,480	7,295,498	6,646,452
9,361,200	9,301,908	9,111,570	8,790,165	8,337,712	7,754,194
10,141,300	10,147,536	10,022,727	9,766,850	9,379,926	8,861,936
10,921,400	10,993,164	10,933,884	10,743,535	10,422,140	9,969,678
11,701,500	11,838,792	11,845,041	11,720,220	11,464,354	11,077,420
12,481,600	12,684,420	12,756,198	12,696,905	12,506,568	12,185,162
13,261,700	13,530,048	13,667,355	13,673,590	13,548,782	13,292,904
14,041,800	14,375,676	14,578,512	14,650,275	14,590,996	14,400,646

4 年金を繰り下げて遅く受け取ると増額されてお得と聞いたけど本当？

Q 65歳以降もできるだけ長く働く予定のため、老齢年金は66歳以降に繰り下げて受け取るつもりです。「繰り下げると年金が増額されてお得」と聞きました。また、在職中でも繰り下げることはできますか。

A 繰下げ受給を選択すると、年金額が最大42％増額されます。ただし、加給年金や振替加算が付く人は繰下げ受給待機中の部分は受け取れませんので注意が必要です。また、在職中で支給停止がかかる方は、実際に受給できる部分だけが繰下げ受給（増額）の対象となります。

ここが POINT! 老齢年金を繰り下げて受給すると年金額が増額される

　65歳以降の老齢厚生年金と老齢基礎年金（以下、老齢年金）の受給権を取得し老齢年金の請求をまだしていない場合、老齢年金の繰下げ受給を申し出ることができます。老齢年金を繰下げ受給すると、繰下げの月数に応じて0.7％ずつ年金額が増額します（図表12）。

図表12　老齢厚生年金・老齢基礎年金の繰下げ請求と増額率

請求時の年齢	増額率
66歳0ヵ月〜66歳11ヵ月	8.4％〜16.1％
67歳0ヵ月〜67歳11ヵ月	16.8％〜24.5％
68歳0ヵ月〜68歳11ヵ月	25.2％〜32.9％
69歳0ヵ月〜69歳11ヵ月	33.6％〜41.3％
70歳0ヵ月〜	42.0％

老齢厚生年金を繰り下げると加給年金はもらえない

　老齢厚生年金の繰下げ受給にはデメリットもあるため注意が必要です。

　厚生年金保険の被保険者期間が20年以上ある方が、65歳未満の配偶者または子（18歳未満もしくは障害1、2級に該当する20歳未満）を生計維持している場合には、老齢年金に加給年金が加算されます（図表13）。

　ところが、この加給年金が付く場合に老齢厚生年金の繰下げ請求を行うと、繰下げ待機中の加給年金は支給されません。さらに、繰下げ受給を開始しても加給年金は増額されません（振替加算も同様）。

🗨 用語解説「加給年金」

厚生年金の被保険者期間が20年以上ある方が、65歳未満の配偶者または子（18歳未満もしくは障害の状態の20歳未満）を生計維持している場合には、老齢厚生年金に加給年金が加算される。

図表13　加給年金の額（平成31年度価額）

対象者	加給年金額	年齢制限
配偶者	224,500円[※1]	65歳未満であること[※2]
1人目・2人目の子	各224,500円	18歳到達年度の末日までの間の子または 1級・2級の障害の状態にある20歳未満の子
3人目以降の子	各 74,800円	

※1　老齢厚生年金を受けている人（注：配偶者ではない）の生年月日に応じて、配偶者の加給年金額に加えて特別加算[※3]がある。
※2　1926（大正15）年4月1日以前に生まれた配偶者には年齢制限はない。
※3　配偶者加給年金額の特別加算額

受給権者の生年月日	特別加算額	加給年金額の合計額
1934（昭和9）年4月2日〜1940（昭和15）年4月1日	33,200円	257,700円
1940（昭和15）年4月2日〜1941（昭和16）年4月1日	66,200円	290,700円
1941（昭和16）年4月2日〜1942（昭和17）年4月1日	99,400円	323,900円
1942（昭和17）年4月2日〜1943（昭和18）年4月1日	132,500円	357,000円
1943（昭和18）年4月2日以後	165,600円	390,100円

　老齢厚生年金と老齢基礎年金は、それぞれ別に繰下げ時期を選択できます。したがって、老齢基礎年金は繰下げ待機し、老齢厚生年金は加給年金を加え

て繰り下げずに受給するなど、ケースに応じた受け取り方を選択する方法も考えられるでしょう。

✒ ここが POINT! 在職老齢年金の繰下げ受給では調整後の年金のみが増額の対象に

本ケースのように、在職中の方が老齢厚生年金を繰り下げる場合にも注意すべきことがあります。

先に見たように、厚生年金保険に加入しながら老齢厚生年金を受けるときは、年金額や賃金に応じて、年金額の全部または一部が支給停止となる場合があります。この在職老齢年金を繰下げ受給するときは、支給調整された在職老齢年金のみが増額の対象となります（図表14）。

以上のように、老齢厚生年金の繰下げ受給は、ケースによって受け取る年金額が異なります。年金事務所で正確な年金額を確認したうえで受け取り方を決めるよう、お客さまにアドバイスしましょう。

図表14　在職老齢年金の繰下げ受給例

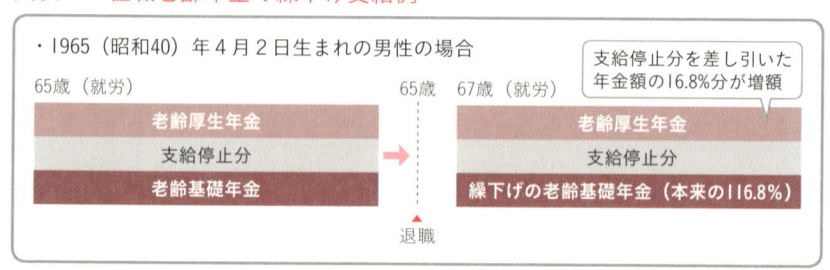

✒ ここが POINT! 繰下げ受給は「支給繰下げ請求書」で手続きを行う

65歳時に老齢基礎年金、老齢厚生年金の受給権が発生する方に対し、日本年金機構から「年金請求書（事前送付用）」が送付されます。繰下げ受給を選択する場合は、この書面の「繰下げ希望欄」で繰下げの意思を表明したうえで、繰下げ請求を行う際に年金事務所に「老齢基礎（厚生）年金支給繰下げ請求書」を提出して支給開始の手続きを行います。

5 嫁の私は亡くなった義母の年金を受け取れる!?

Q 私は夫が亡くなった後も夫の母を介護していましたが、その義母も先日、他界しました。義父はすでに他界し、義母の面倒は私一人で看ていました。嫁の私は義母の年金を受け取ることは可能でしょうか。

A 年金受給者が亡くなった場合、まだ受け取っていなかった分の年金（未支給年金）を一定の範囲の親族が受け取ることができます。本ケースの場合は嫁のあなたが受取り可能です。未支給年金は、人が亡くなると必ず発生します。

✎ ここが POINT! 一定の範囲の親族が未支給年金を受け取ることができる

本ケースのように年金受給者が死亡した場合には、死亡した月の部分の年金は必ず未支給年金となり、一定の範囲の親族が「未支給年金」を請求できます（図表15）。

図表15　未支給年金の受取例

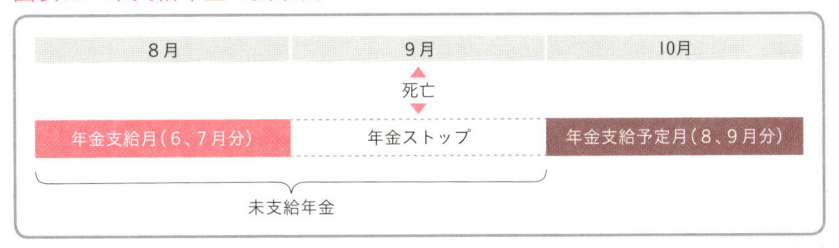

※年金は死亡した月の分まで受給できる。年金は2ヵ月分ずつの後払いのため、未支給年金が必ず発生することになる。

　未支給年金の請求ができるのは、生計を同じくしていた、配偶者、子、父母、孫、祖父母、兄弟姉妹、甥、姪など3親等以内の親族です。

　ところで、年金用語でよく出てくるのは、「生計維持」と「生計同一」です。今はおひとりさまや子どもが近くにいないケースもたくさんあります。その場合、甥姪など、親族と同居したり面倒を看てもらうケースもあるでしょう。「生計維持」は収入がいくらかということで判断されますが、「生計同一」は、住民票などの同居の事実が確認できれば比較的容易に認定されます。年金受給者には、必ず死亡時に「未支給年金」が発生しますので、死亡時の手続きを忘れないようにしましょう。

> 　未支給年金は生計同一で支給されるということを知らない方もいます。子や配偶者以外の親族が同居して面倒を看ている場合、アドバイスしてあげましょう。

💬 用語解説「生計維持」

㋐生計同一であること、㋑原則として年収850万円（所得655.5万円）未満であること（相続不動産などの一時的な所得を除く。定年退職等で近い将来に収入が850万未満になる人も認められる場合がある）。

💬 用語解説「生計同一」

㋐生計を同じくしていること、㋑同居していること（別居していても「仕送りしている」「健康保険の扶養親族である」等の事項があれば認められる）。

> 　年金を受給していた人が亡くなると、遺族年金（遺族基礎年金、遺族厚生年金など）を受け取れる場合があります。ただし、遺族年金の受給権者には範囲があり、遺族厚生年金は「亡くなった人に生計を維持されていた妻、子、孫、55歳以上の夫、祖父母」、遺族基礎年金は「亡くなった人によって生計が維持されていた子のいる配偶者または子」となっています。本ケースでは、亡くなった人が「配偶者の親」ですので、遺族年金の受給権者とはならず、未支給年金のみを受け取ることになります。

6 「受給権がないから年金は 受け取れない」って本当？

Q 以前、年金事務所で、「受給権がないから年金は受け取れない」と言われましたが、最近、年金を受け取れる人が増えたとニュースで知りました。自分の場合、どう調べればいいのでしょうか。

A 以前、年金が受け取れないと言われたのは、受給資格期間が25年以上必要だったからでしょう。2017(平成29)年8月1日より、老齢年金を受け取れるための要件が緩和されました。受給資格期間が10年以上ある方には黄色い封筒が届いているはずですが、無くしてしまった、もしくは覚えていない場合には、再度、年金相談に行ってみてください。

✎ ここが POINT! 受給資格期間が「25年以上」から「10年以上」に短縮された

　老齢年金を受け取るための受給資格期間となる保険料納付済期間や保険料免除期間、合算対象期間の合計が、「25年以上」から「10年以上」に短縮されました。日本年金機構がその改正に伴い郵送した年金請求書の入った封筒は約67.6万人にものぼります（図表16）。黄色い封筒（▶「年金請求書（短縮用）」32ページ参照）がお手元に届いた方は、同封されている請求書に記入し、添付書類を揃えて年金事務所に提出しましょう。お手元に封筒が届いていない場合でも、合算対象期間など、様々な特例を使って10年以上になるケースがあります。年金手帳と身分を確認できる書類を持って、年金事務所に相談に行かれることをおすすめします。

　2017（平成29）年2月から年齢の高い対象者に送付されていますが、8月末の時点では年金事務所等において受け付けた請求書の（10年以上25年未満）の方の総数は449,377人だそうです。

　なお、受給資格期間として10年の期間が必要というのは、あくまでも「老齢年金」のための受給要件です。遺族年金につなげるためには、これまでどおり25年の受給資格期間が必要です。

　今回、年金の受給資格期間が10年に短縮されたことによって、様々な影響が出ています。10年という短い期間の加入で年金の受給資格ができたことで、少ない年金額を少しでも増額させようと老齢厚生年金の支給開始の繰下げを検討することもあるでしょう。その場合、実は企業年金にも影響が出るため、年金事務所だけでなく企業年金連合会への連絡も必要となります。

　いずれにしても、年金制度が変わりつつあることで、高齢者の方にとっては、どうしたらよいのか迷うことも多くなっています。周囲の人が、しっかりとした窓口につないであげる必要があるのです。

図表16　10年（短縮）年金の対象となる方への年金請求書の送付スケジュール

	送付時期	年金請求書が送付される方	送付者数
①	2017（平成29）年 2 月28日	1926（大正15）年 4 月 2 日〜1942（昭和17）年 4 月 1 日生まれ（91歳〜75歳）	20,000人
②	2017（平成29）年 3 月13日		91,385人
③	2017（平成29）年 3 月27日	1942（昭和17）年 4 月 2 日〜1948（昭和23）年 4 月 1 日生まれ（75歳〜69歳）	73,000人
④	2017（平成29）年 4 月17日		99,232人
⑤	2017（平成29）年 5 月 2 日	1948（昭和23）年 4 月 2 日〜1951（昭和26）年 7 月 1 日生まれ（69歳〜66歳）	87,873人
⑥	2017（平成29）年 5 月15日		82,358人
⑦	2017（平成29）年 5 月22日	1951（昭和26）年 7 月 2 日〜1955（昭和30）年10月 1 日生まれ（女性）1951（昭和26）年 7 月 2 日〜1955（昭和30）年 8 月 1 日生まれ（男性）（61歳〜66歳）	93,050人
⑧	2017（平成29）年 6 月21日		81,833人
⑨	2017（平成29）年 6 月30日	1955（昭和30）年10月 2 日〜1957（昭和32）年 8 月 1 日生まれ（女性）（61歳〜60歳）	37,758人
⑩	2017（平成29）年 7 月10日	1926（大正15）年 4 月 1 日以前生まれ（91歳〜）	9,985人

※国共済、地共済及び私学共済に加入した期間がある方は、生年月日に関係なく⑩の時期に送付。
（出所）第32回社会保障審議会年金部会資料に基づき作成。

第 1 章

知らないと損する!?
もらい忘れ年金

―――― Introduction ――――

本章では、"実際にこんな場合が
「もらい忘れ年金」になる"ということを
ご紹介しています。年金の受給資格期間が
25年から10年になったものの、
「どうせもらえない」と思っている方は
多いものです。どんな事例があるか、
見てみましょう。

1 知らないと損する!? 10年短縮年金

✎ **ここが POINT!** **受給資格期間が25年から10年に短縮された!**

「年金は保険料を25年納付しないと受給できない」というのが、これまでの常識でした。具体的には、国民年金（老齢基礎年金）や厚生年金保険（老齢厚生年金）を受けるためには、原則として最低25年の加入期間が必要、ということでした。

そのため、転職を繰り返したり保険料の未納期間が長かったりして加入期間が25年に足りず、年金を１円も年金を受けられないという人がいました。

こうした人々を救済するために法律が改正され、2017（平成29）年８月１日以降は、加入期間が10年あれば年金の受給権を得られることになりました。この加入期間のことを「受給資格期間」と言います。

✎ **ここが POINT!** **保険料免除期間やカラ期間も受給資格期間に含まれる**

受給資格期間とは、ア．保険料納付済期間、イ．保険料免除期間、ウ．合算対象期間の合計で（図表17）、これらの合計が10年を満たせば、年金の受給権が発生します。

合算対象期間は受給資格期間としてカウントされますが、年金額には反映されないため、「カラ期間」と呼ばれます。

図表17　受給資格期間

受給資格期間	内容	年金額反映の有無
ア. 保険料納付済期間	（ア）国民年金保険料を納付した期間 （イ）1986（昭和61）年4月以降の第3号被保険者期間 （ウ）厚生年金保険・共済年金の加入期間	反映される
イ. 保険料免除期間	（ア）法定免除期間[※1] （イ）申請免除期間[※2] a. 全額免除期間 b. 4分の3免除期間 c. 半額免除期間 d. 4分の1免除期間	免除の割合に応じた金額のみ反映される
ウ. 主な合算対象期間（カラ期間）	a. サラリーマン・公務員の配偶者の期間（1961（昭和36）年4月〜1986（昭和61）年3月まで） b. 20歳以降の学生だった期間（1961（昭和36）年4月〜1991（平成3）年3月まで）[※3] c. 日本国民の海外在住期間（1961（昭和36）年4月〜） d. 日本国籍を取得した人または永住許可を得た人の、海外在住期間のうち取得または許可前の期間（1961（昭和36）年4月〜） e. 国会議員やその配偶者の期間（1961（昭和36）年4月〜1986（昭和61）年3月まで） f. 地方議会議員やその配偶者の期間（1962（昭和37）年12月〜1986（昭和61）年3月まで） g. 障害年金や遺族年金を受けていたために保険料を納付しなかった期間（1961（昭和36）年4月〜1986（昭和61）年3月まで） h. 厚生年金保険の脱退手当金を受けた期間（1961（昭和36）年4月〜1986（昭和61）年3月まで）（1986（昭和61）年4月から65歳に達する日の前月までの間に保険料納付済期間（免除期間を含む）がある人に限る）（ただし脱退手当金を1986（昭和61）年4月以降に受給していないこと） i. 学生納付特例、納付猶予制度を申請した期間の追納していない期間（追納した場合は「保険料納付済期間」となります） j. 国民年金に任意加入したが保険料を納めなかった期間 k. 20歳前または60歳以降のサラリーマン・公務員だった期間	反映されない

※1　1、2級の障害年金や生活保護を受けている期間（20歳〜60歳）。

※2　免除申請をして免除以外の部分の保険料を納付している期間。

※3　夜間・通信制・各種学校は除く。

※4　ウ. 合算対象期間のうち、k. 以外は20歳以上〜60歳未満。

ここが POINT! 10年短縮年金の手続きは短縮用の請求書で行う

ア．保険料納付済期間、イ．保険料免除期間、ウ．合算対象期間を合計して10年以上ある人には、2017（平成29）年8月1日より、年金の受給権が発生しています。つまり、これまで受給資格期間が25年に足りないことで無年金だった人にも年金が発生したことになります。

日本年金機構が把握している記録で加入期間が10年以上ある人に対しては、2017（平成29）年度に「年金請求書（短縮用）」（Ａ4判の黄色い封筒）（図表18）が届けられています。この書類を使って請求すると、年金を受け取ることが可能です。まだ年金をもらっていないお客さまにぜひ確認してもらいましょう。封筒を紛失していても、年金事務所に請求用紙が用意してありますので、それを利用しましょう。

また、保険料を納付した期間が10年に足りなくても、カラ期間と合計すると10年以上になりそうな人も請求できる可能性があります。手続きに必要な書類（図表19）を用意して、年金事務所で受給資格を確認してください。

図表18　年金請求書（短縮用）

図表19　手続きに必要な書類

受給資格期間	配偶者あり	配偶者なし
すべての人	印鑑・受取金融機関の通帳	
10年以上ある人	戸籍謄本・住民票（世帯全員）	住民票（世帯全員）
10年未満だが、カラ期間を加えて10年を満たす人		

注1　上記のほか、新たに振替加算が加算される人は本人の所得証明が必要。
注2　年金事務所での受給資格期間の確認後、添付書類が変わることもある。

> 　過去に複数回、結婚したことがある人は、すべての結婚相手の名前や生年月日、婚姻期間などを整理して記録しておいて、年金事務所で受給資格を確認しましょう。カラ期間として利用できるかもしれません。

CASE1 | 黄色い封筒が届いているのに…

　夫婦で定食屋さんを営んでいる平治さん。今年で69歳になりますが、年金は受け取っていません。これまで年金保険料はなるべく納めるようにしていましたが、お店の経営が苦しい時期が続き、長らく保険料を払えませんでした。毎日の生活や子育てで精一杯の時期に年金保険料の督促状が届くのは苦痛だったそうです。

　それでも15年分くらいは保険料を納めていたため、60歳の時に年金事務所（当時は社会保険事務所）で相談したとのこと。ところが、「あ〜全然足りないね。どうしてこんなに未納にしといたの？　これから65歳までに5年納めたって25年にならないんだから、納めたってムダだよ」とけんもほろろな対応を受け、とても嫌な思いをし、『もう年金はもらえない』と諦めたそうです。だから、その後届いた年金事務所からの通知も『どうせもらえないんだから関係ない！』と、すべて破り捨てているというのです。

　実は、平治さんにも、2017（平成29）年に「年金請求書（短縮用）」が届いていました。ところが、平治さんは年金を請求していません。また役所で嫌な思いをするのはまっぴらだったのです。

　そんな状況を知り得た取引金融機関の渉外担当者は、平治さんに次のようにアドバイスをしました。

「平治さん、法律が変わって、年金に10年以上加入している人は、2017（平成29）年8月から（年金支給は9月分から）正式に年金がもらえるようになったんですよ。今は役所の窓口も親切です。ぜひ、請求しましょう！！」

　黄色い封筒は破り捨ててしまっていた平治さんでしたが、年金事務所へ行き、そこで改めて年金請求書を記入し、無事に年金を受給することができました。年金額は約29.2万円（月2.4万円）でした。

　手続きをしたのは2018（平成30）年4月でしたが、ちゃんと2017（平成29）年9月分からさかのぼって受け取ることができました。平治さんは、「これから20年生きて受け取れば600万円か！　がんばって長生きするぞ！」と照れ臭そうに微笑みました。

CASE2 | 10年年金と思いきや実は25年の期間が判明しさかのぼって受給

　トシ子さん（75歳）は、若いころ厚生年金保険に４年ほど加入していましたが、そのあとは一度も年金の保険料を払ったことがありません。現在の夫とは45歳のとき（1988（昭和63）年）に結婚したため、第３号被保険者期間は15年ありますが、その他の期間は納付も免除申請もしなかったので、受給資格期間は合計しても19年です。25年には足りないため、年金は受け取れないとあきらめていました。

　ところが、2017（平成29）年８月の法改正で受給資格期間が10年に短縮された結果、年金を受け取れることがわかりました。日本年金機構から「年金請求書（短縮用）」が送られてきたので、早速、年金事務所へ出向くことにしました。

．．．．．．．．．．．．．．．．．

　今までの人生について年金事務所の職員の質問に答えていくなかで（カラ期間の聞き取り）、「実は今の夫とは再婚です。前の夫とは６年間結婚していて別れました」と告白しました。元夫もサラリーマンで、婚姻期間（６年）が1961（昭和36）年４月から1986（昭和61）年３月の間にあったため、その期間がカラ期間とみなされ、資格期間は25年（＝19年＋６年）となりました。この結果、トシ子さんは60歳の時点で25年の資格期間を満たしていたことになり、60歳で約14万円、65歳では老齢基礎年金と振替加算も加わり、約55万円の年金額になっていました。よくある「元夫のカラ期間を使って受給権が発生する」ケースです。

．．．．．．．．．．．．．．．．．

　今回、本来ならば60歳時にさかのぼって15年分の年金をもらいたいところですが、年金の請求時効は５年のため、直近の５年分、約275万円（＝55万円×５年）の一時金と、今後も年間55万円（月4.58万円）の年金を受け取れることになりました。

「離婚したことなんて思い出したくなかったけど、年金で有利になるなら全部告白したほうがいいのね」と、別れた夫にほんの少し感謝したトシ子さんでした。

2 知らないと損する!? 年金加入記録もれの年金

✎ ここが POINT! 年金加入記録が浮いた!? 消えた!?

　年金のもらい忘れには、次に紹介する「浮いた年金」や「消えた年金」もあります。

　現在の年金加入者は、国民年金、厚生年金保険、共済組合といったすべての年金制度で共通して利用する、一人に一つの基礎年金番号で管理されています。

　基礎年金番号の制度が導入されたのは1997（平成9）年1月です。それ以前の加入記録については、順次、統合作業が行われているはずでした。

　ところが、2006（平成18）年6月の段階で、基礎年金番号に統合・整理されていない年金加入記録が約5,000万件あることが判明しました。これが「浮いた年金」問題です。

　さらに、納めたはずの保険料の納付記録が当時の社会保険庁においてきちんと管理されていないことなども判明しました。これが「消えた年金」問題です。

💬 用語解説「基礎年金番号」

公的年金は、1996（平成8）年12月前には、加入している制度ごとに別々の年金番号が付けられて管理されていた。そのため、勤務先が変わるたびに年金手帳を作っている方もいた。1997（平成9）年1月以降この年金番号が統一され、年金に関する届出、年金の請求問い合わせなどに関しては、すべて、この基礎年金番号で手続きすることとなっていた。2018（平成30）年3月以降はこの基礎年金番号だけではなく、マイナンバーで年金関係の手続きができるようになっている。ただし、代理人の場合、年金手帳は預かることはできるが、マイナンバーは特定個人情報のため、預かることができないケースがある。

✏️ ここが POINT! 全加入者、受給者に「ねんきん特別便」が送られた

「浮いた年金」「消えた年金」問題を受け、当時の社会保険庁は、2007（平成19）年12月から2008（平成20）年３月にかけて、すべての加入者と受給者に対し、年金加入記録を記載した「年金記録のお知らせ」を送付しました。これを「ねんきん特別便」と言います。

　もし、年金加入記録にもれや誤りがあるときは、加入者または受給者が年金事務所に連絡して年金加入記録を訂正し、その結果、もらい忘れ年金を受け取ることができるようになりました。

✏️ ここが POINT! 2008年より前のもらい忘れ年金いろいろ

　2008（平成20）年頃以降は、年金請求時に「氏名・生年月日」で加入記録を丁寧に検索し、記録の統合漏れがないかが確認されています。ただし、それ以前は、詳しい年金加入記録の確認がないまま支給されていました。そのため、2008（平成20）年より前に年金を受け取り始めた人の中は、もらい忘れがある状態で受け取っているケースがありえます。

　次に紹介するケースに思い当たる人は、一度、年金事務所で加入期間を確認してもらうとよいでしょう。

〔2008（平成20）年より前から年金を受け取り始めた人のもらい忘れ年金〕

● **転職を繰り返し、年金手帳を何冊ももっている人**
　60歳時に最後に勤務していた会社の年金手帳を持参すると、その会社の記録だけで年金を支給されてしまうことがありました。

● **氏名・住所・年齢・勤務先が正しく登録されていなかったケース**
　(例)「イシイハナコ」さんが「ウスイハナコ」さんと誤って登録されていた
　　年金記録は当初は紙（台帳）で管理されていましたが、途中で電子情報に打ち直されました。その際、口述転記で起きた間違いだと思われます。ほかにも、「幸子」の読み方違い、「ユキコ」「サチコ」での登録ミスなどもよくあります。
　(例)生年月日を偽って働いていたことがある

女性によくあるお話ですが、昔は就職や保険加入時に身分確認を正確に行わなかったため、年齢を若く偽って届けていたことで、本人の記録に結びつかなかったケースがありました。こういう場合は、年金事務所で生年月日の幅を広げて検索してもらうことで、年金記録を発見できます。

(例)勤務先が思っていた会社と違っていた

A社で働いていたと思い込んでいたが、下請けのB社で年金加入していたため、本人と結びつかなかったケースがあります。

● **旧姓でパート、アルバイトで働いた期間を忘れているケース**

(例)学生時代に楽器店でアルバイトをしていた期間、自分では知らなかったのですが、音響機器の会社で厚生年金保険に加入していた、というケースがありました。

● **退職時に「脱退手当金」を受け取っているが、その会社に厚生年金基金があったケース**

1978（昭和53）年5月までは、厚生年金保険に2年以上加入して退職しその後再就職する予定のない人（女性）は、脱退手当金として一時金を受け取る制度がありました。脱退手当金を受け取った期間については年金額に反映されませんが、その会社が厚生年金基金に加入していた場合、厚生年金基金からの支給分をもらい忘れているケースがあります。

厚生年金基金のある会社に勤務した人で、10年未満で退職した人の記録は、企業年金連合会※に収録されている場合があります。思い当たる方は問い合わせてみましょう。

※企業年金連合会「企業年金コールセンター」☎0570-02-2666（平日9時～17時）、インターネットによる企業年金記録確認サービス（平日6時～22時）

● **沖縄出身者のケース**

・国民年金の沖縄特別措置に該当するケース（1950（昭和25）年4月1日以前生まれの方）

国民年金制度は1961（昭和36）年4月1日に発足しましたが、1972（昭和47）年に本土復帰を果たした沖縄県では、9年遅れの1970（昭和45）年4月1日に発足しました。そのため、その間については保険料を納付することができず年金額が低額になってしまいます。そこで、1961（昭和36）年4月1日から1970（昭和45）年4月1日までの間に20歳以上で沖縄に住んでいた方については、申請手続きによりその期間が保険料免除期間とみなされ、年金額や受給資格期間に反映されることになります。

沖縄出身のお客さまには、沖縄特別措置の申請手続き※を忘れていないか、ぜひ確認をお勧めしましょう。

※申請手続きは沖縄県で最後に住所があった住所地の市町村で行います。

● **戦時中の年金**

戦争時に、軍関係施設（海軍工廠、陸軍〇〇廠）や軍需工場などで働いたことのある方は、年金に結びつくものがあります。恩給、厚生年金保険、旧令共済の年

金などです。図表20にまとめてみましたので、もらい忘れがないかチェックしてみましょう。

〈戦争中の主な年金〉

①恩給

職業軍人だった場合、恩給が支給されます。

②旧令共済年金

戦争中、陸軍・海軍で軍人以外の職務で勤務していた方や、海軍工廠（陸軍〇〇廠、被服廠）などで働いていた方は、「旧令共済組合」に加入していた可能性があります。

旧令共済組合の加入期間は、一定の条件を満たすと厚生年金の加入期間として加算することができます。旧令共済期間のうち昭和17年6月（女子は昭和19年10月）から昭和20年8月までの期間が年金額の計算に含まれます。ただし、厚生年金の月数が上限を超えているとき、また、厚生年金の加入期間が1年以上ない場合には、旧令共済期間を年金額の計算には含めない決まりとなっています。

③厚生年金保険

軍需工場や統制会社に勤務したことのある方は、厚生年金の可能性があります（ただし、厚生年金制度ができたのは昭和17年6月（女子は昭和19年10月）以降のため、その前の期間は対象となりません）。

35歳、45歳、59歳時に届く「ねんきん定期便」（A4判、水色）で勤務先名を確認しましょう！

図表20　戦時中に軍需工場等で勤めた際の年金

ケース		もらえる年金	
1．職業軍人	陸海軍の学生生徒は除く	軍人恩給[1]	
2．徴兵・応召	民間人が兵役法[2]に基づく召集令状により、一定期間だけ業務に従事する場合	軍人期間	軍人恩給
		軍属・準軍属などで陸海軍に勤務	旧令共済期間
3．徴用	国民徴用令[3]に基づき民間人が民間企業から一時的に陸海軍に転籍するか、民間企業に在籍のまま軍需生産や軍の要務に従事した場合	徴用期間の給与負担が厚生年金適用事業所	厚生年金期間
		軍属・準軍属などで陸海軍に勤務	旧令共済期間
4．学徒動員	学徒動員令[4]に基づき、通常は軍から学校に指示が行き、学校の指示で学校に在籍の学生のまま、民間軍需工場などで軍需生産などに従事した場合	通常は（在学中は）、旧令共済・厚生年金の対象とならない	
		学校卒業後、雇用契約で引き続き適用事業所に勤務	厚生年金期間
5．女子挺身隊	女子挺身労務令[5]に基づくもので、14歳〜25歳の独身女性が国からの指示で、病院での看護業務や、民間軍需工場での軍需生産などに従事した場合	給与支払いが国	旧令共済期間
		給与支払いが厚生年金適用事業所	厚生年金期間

※1　恩給制度　　　　：旧軍人等が公務のために死亡した場合、公務による傷病のために退職した場合、相当年限忠実に勤務して退職した場合において、国家に身体、生命を捧げて尽くすべき関係にあった、これらの者及びその遺族の生活の支えとして給付される国家補償を基本とする年金制度。

※2　兵役法　　　　　：原則として男子は兵役に服すると定め（第1条）、兵役の種類として常備兵役、後備兵役、補充兵役、国民兵役の4種類を規定し、さらに常備兵役を現役、予備役の2種、補充兵役は第一補充兵役、第二補充兵役の2種、国民兵役は第一国民兵役、第二国民兵役の2種に分け、合計で7種類を定めた。

※3　国民徴用令　　　：国家総動員法に基づいて1939（昭和14）年に制定された勅令。戦時下の重要産業の労働力を確保するために、厚生大臣に対して強制的に人員を徴用できる権限を与えたもの。

※4　学徒動員令　　　：第二次世界大戦末期の1943（昭和18）年以降に深刻な労働力不足を補うために、中等学校以上の生徒や学生が軍需産業や食料生産に動員された。

※5　女子挺身労務令：太平洋戦争下の女子勤労動員組織。満25歳未満の女子を居住地・職域で組織。1943（昭和18）年の閣議決定で実施、翌年の女子挺身勤労令により1年間の勤労奉仕を義務づけた。

図表21　戦争時のもらい忘れ年金チェックシート

※恩給法における軍属である技師などの文官、警察、刑務関係職員は、旧令共済組合員とはならない。陸軍や海軍等の雇員、工員、庸人などが旧令共済組合員の可能性がある。

コラム❷ ｜ 年金記録を確認しよう！

　勤めた会社の記録が年金に正しく反映されているかどうか不安な場合は、次の方法で確認しましょう。

①ねんきん定期便
- 35歳、45歳、59歳時に届く「ねんきん定期便」（水色のＡ４判）には、会社名などの履歴が載っています。

②年金事務所・街角の年金相談センター
- 基礎年金番号のわかるものや身分確認書類を持参すれば、その場で確認できます。
- 全国どの年金事務所（街角の年金相談センター）でも相談可能です。
- 「被保険者記録照会回答票」という加入履歴を発行してもらいます。
- 予約優先なので、必ず予約をしてから行きましょう。

③ねんきんダイヤル
- 年金事務所へ行くことが困難な場合は、ねんきんダイヤルで申し込むと、「被保険者記録照会回答票」（加入履歴）を１週間ほどで郵送してくれます。
  ☎ねんきんダイヤル：0570－05－1165

④ねんきんネット
- 日本年金機構のホームページから「ねんきんネット」に登録し、確認します。
- 登録には基礎年金番号が必要です。操作が複雑なため、パソコンが得意な人向きの確認方法です（11ページ参照）。

3 知らないと損する!? 手続きもれの年金

✏️ ここがPOINT! 加給年金や振替加算がもらい忘れに!?

年金のもらい忘れには、次のような加算部分のもらい忘れもあります。

一定の条件を満たす夫婦には、「加給年金」と「振替加算」という加算金が支給されます（図表22）。これらは、支給開始時に手続きをきちんとしていれば自動的に加算されますが、まれに加算もれが起こります。まずは、加給年金・振替加算の仕組みについて確認しましょう（下記の説明中、「夫」は「妻」と読み替え、「父」は「母」と読み替えても可）。

💬 用語解説「加給年金」

厚生年金保険（共済年金も含む）の加入期間が20年以上ある人（夫[1]）が、65歳時点（または定額部分の発生時点）でその人に生計を維持されている配偶者（妻[2]）または子[3]がいるときに加算される。

💬 用語解説「振替加算」

加給年金額の対象者（妻）が65歳になると、それまで夫に支給されていた加給年金は打ち切られる。このとき、一定の基準[4・5]により妻自身の老齢基礎年金に「振替加算」が加算される。

※1 厚生年金保険（共済年金も含む）の加入期間が原則20年（240月）以上あり、65歳時（または厚生年金保険の定額部分発生時）に、妻[2]または子[3]がいる夫。

※2 65歳未満であり、厚生年金保険（共済年金も含む）の加入期間が20年（240月）以上の年金を受けておらず、夫に生計維持[4]されている妻。

※3 18歳年度末まで（または1級・2級の障害状態にある20歳未満）で、父に生計維持[4]されている子。

※4 年収（給料・年金等を含む）が850万円未満（所得655.5万円）であること。

※5 振替加算を受けることができるのは、1926（大正15）年4月2日〜1966（昭和41）年4月1日以前生まれの妻。

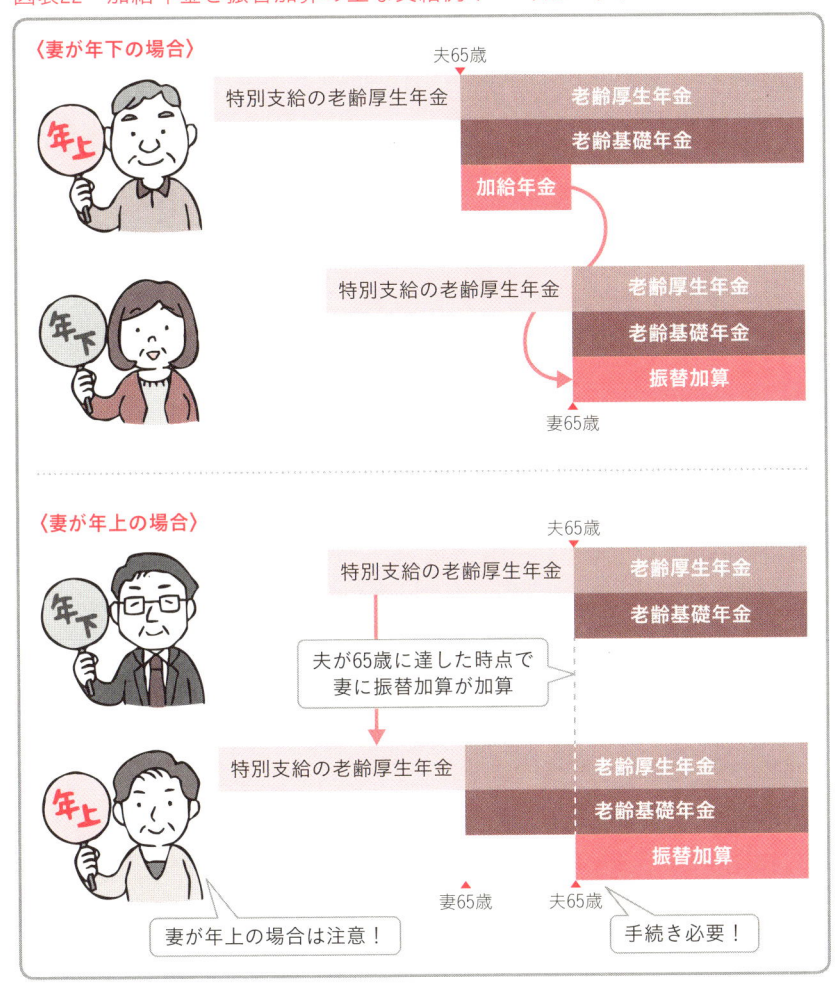

　夫が65歳時（または定額部分発生時）に妻が65歳を過ぎている場合は、夫に加給年金は加算されません。加給年金は65歳未満の妻がいる場合に加算されるものだからです。この場合、妻の老齢基礎年金に、その時点（夫が65歳時）から振替加算が加算されます。日本年金機構から「加算金のお知らせ」が届きますので、年金事務所で手続きが必要です。手続きをしないと振替加算は加算されません。

コラム❸ ｜「老齢基礎年金への加算金に関する手続きのお知らせ」が届いたら…

◆夫（1949（昭和24）年４月２日以降生まれ）が厚生年金保険に20年以上加入
　しており、年上の妻がいる場合

「国民年金　老齢基礎年金額加算開始事由該当届（様式
222号）」に必要事項を記入し、次の必要書類を添えて年
金事務所に提出します（用紙は日本年金機構ホームページ
よりダウンロードできます）。

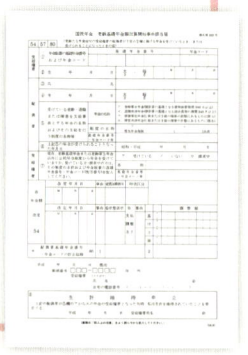

〈必要書類〉

- 戸籍謄本（夫の65歳の誕生日前日以降に発行したもの）
- 世帯全員の住民票（同上）
- 妻の所得証明書類（夫が65歳到達年度の所得証明書ま
たは非課税証明書）

🖍 ここが POINT! 請求時の書類もれや請求そのものを忘れると加算金は受け取れない

　次のケースでは、加給年金や振替加算の加算金をもらい忘れていることが
あります。

ア．夫の年金請求時に添付書類を完備せずに手続きしていた

　加給年金の対象者がいる場合は、年金請求時に３点セットと呼ばれる添付
書類を提出します。３点セットとは「世帯全員の住民票」「戸籍謄本」「妻の
所得証明」です。これらが不十分だと、夫が65歳時（または定額部分発生時）
に加給年金が加算されていない可能性があります。

イ．夫の年金請求時に厚生年金保険に20年加入していなかったがその後20年
　以上になった

　夫が厚生年金保険に加入した時期が遅く、65歳時点では20年に満たなかっ
たため加給年金は加算されていませんでしたが、その後、退職したとき、ま
たは70歳時点で20年を満たしていれば、その時点から加給年金が加算されま
す。この場合、年金事務所での手続きが必要です。この手続きを忘れている
と加給年金※は加算されません。

※加給年金は、配偶者（妻）が65歳までしか支給されません。

ウ．妻が年上で夫より先に老齢年金をもらっている

　夫が65歳になったとき（または定額発生時）に、妻に振替加算が加算されます。この場合は日本年金機構から「加算金のお知らせ」が届きますので、年金事務所で手続きが必要です。この手続きを忘れていると振替加算は加算されません（図表22のケース）。

✎ ここが POINT! 振替加算の手続き

　振替加算は、年金の請求書類に、①配偶者の年金証書の基礎年金番号、②年金コード、③配偶者の氏名および生年月日（配偶者が年金の受給権を有していない場合は配偶者の基礎年金番号、氏名および生年月日）を正確に記入することによって支給を受けることができ、これらの記入がない場合、振替加算は行われません。請求書類には、必ずこれらの事項を記入してください。

✎ ここが POINT! 共済年金を受けている夫をもつ主婦の振替加算のもらい忘れ

　夫の年金に加給年金が加算されていたのにその妻に振替加算が加算されていないという、いわゆる振替加算の支給もれが散見されています。その９割は夫が共済組合の年金を受給している人でした。

　この件では2017（平成29）年11月に対象者にお知らせが送られ、振替加算が加算されるべき人には加算される時期までさかのぼって支給されています。

　また、確認が必要な人にはそのお手紙が送られていますので、該当すると思われる人は年金事務所で確認してみましょう。ねんきんダイヤルでも確認できます。

図表23　加算額（加給年金・振替加算）があるかを確認する方法

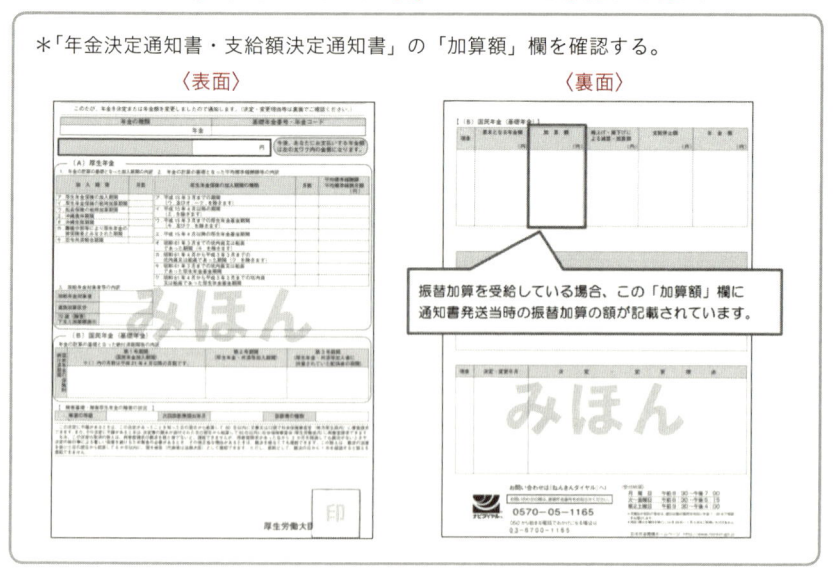

＊「年金決定通知書・支給額決定通知書」の「加算額」欄を確認する。

〈表面〉　　〈裏面〉

振替加算を受給している場合、この「加算額」欄に通知書発送当時の振替加算の額が記載されています。

図表24　加給年金の額（平成31年度価額）

対象者	加給年金額	年齢制限
配偶者	224,500円[※1]	65歳未満であること[※2]
１人目・２人目の子	各224,500円	18歳到達年度の末日までの間の子または１級・２級の障害の状態にある20歳未満の子
３人目以降の子	各 74,800円	

※1　老齢厚生年金を受けている人（注：配偶者ではない）の生年月日に応じて、配偶者の加給年金額に加えて特別加算[※3]がある。

※2　1926（大正15）年４月１日以前に生まれた配偶者には年齢制限はない。

※3　配偶者加給年金額の特別加算額

受給権者の生年月日	特別加算額	加給年金額の合計額
1934（昭和９）年４月２日〜1940（昭和15）年４月１日	33,200円	257,700円
1940（昭和15）年４月２日〜1941（昭和16）年４月１日	66,200円	290,700円
1941（昭和16）年４月２日〜1942（昭和17）年４月１日	99,400円	323,900円
1942（昭和17）年４月２日〜1943（昭和18）年４月１日	132,500円	357,000円
1943（昭和18）年４月２日以後	165,600円	390,100円

図表25　振替加算の額（2019（平成31）年度価額）

生 年 月 日		振 替 加 算 額
1926（大正15）年4月2日　～　1927（昭和2）年4月1日		224,500円
1927（昭和2）年4月2日　～　1928（昭和3）年4月1日		218,439円
1928（昭和3）年4月2日　～　1929（昭和4）年4月1日		212,602円
1929（昭和4）年4月2日　～　1930（昭和5）年4月1日		206,540円
1930（昭和5）年4月2日　～　1931（昭和6）年4月1日		200,479円
1931（昭和6）年4月2日　～　1932（昭和7）年4月1日		194,642円
1932（昭和7）年4月2日　～　1933（昭和8）年4月1日		188,580円
1933（昭和8）年4月2日　～　1934（昭和9）年4月1日		182,519円
1934（昭和9）年4月2日　～　1935（昭和10）年4月1日		176,682円
1935（昭和10）年4月2日　～　1936（昭和11）年4月1日		170,620円
1936（昭和11）年4月2日　～　1937（昭和12）年4月1日		164,559円
1937（昭和12）年4月2日　～　1938（昭和13）年4月1日		158,722円
1938（昭和13）年4月2日　～　1939（昭和14）年4月1日		152,660円
1939（昭和14）年4月2日　～　1940（昭和15）年4月1日		146,599円
1940（昭和15）年4月2日　～　1941（昭和16）年4月1日		140,762円
1941（昭和16）年4月2日　～　1942（昭和17）年4月1日		134,700円
1942（昭和17）年4月2日　～　1943（昭和18）年4月1日		128,639円
1943（昭和18）年4月2日　～　1944（昭和19）年4月1日		122,802円
1944（昭和19）年4月2日　～　1945（昭和20）年4月1日		116,740円
1945（昭和20）年4月2日　～　1946（昭和21）年4月1日		110,679円
1946（昭和21）年4月2日　～　1947（昭和22）年4月1日		104,842円
1947（昭和22）年4月2日　～　1948（昭和23）年4月1日		98,780円
1948（昭和23）年4月2日　～　1949（昭和24）年4月1日		92,719円
1949（昭和24）年4月2日　～　1950（昭和25）年4月1日		86,882円
1950（昭和25）年4月2日　～　1951（昭和26）年4月1日		80,820円
1951（昭和26）年4月2日　～　1952（昭和27）年4月1日		74,759円
1952（昭和27）年4月2日　～　1953（昭和28）年4月1日		68,922円
1953（昭和28）年4月2日　～　1954（昭和29）年4月1日		62,860円
1954（昭和29）年4月2日　～　1955（昭和30）年4月1日		56,799円
1955（昭和30）年4月2日　～　1956（昭和31）年4月1日		50,962円
1956（昭和31）年4月2日　～　1957（昭和32）年4月1日		44,900円
1957（昭和32）年4月2日　～　1958（昭和33）年4月1日		38,839円
1958（昭和33）年4月2日　～　1959（昭和34）年4月1日		33,002円
1959（昭和34）年4月2日　～　1960（昭和35）年4月1日		26,940円
1960（昭和35）年4月2日　～　1961（昭和36）年4月1日		20,879円
1961（昭和36）年4月2日　～　1962（昭和37）年4月1日		15,042円
1962（昭和37）年4月2日　～　1963（昭和38）年4月1日		15,042円
1963（昭和38）年4月2日　～　1964（昭和39）年4月1日		15,042円
1964（昭和39）年4月2日　～　1965（昭和40）年4月1日		15,042円
1965（昭和40）年4月2日　～　1966（昭和41）年4月1日		15,042円
1966（昭和41）年4月2日以後		－

4 知らないと損する!? 離婚時の年金分割

ここがPOINT! 離婚時の年金分割制度とは?

　最近は日本でも中高齢者の離婚が増加していますが、離婚後の夫婦の年金額の大きな格差が問題となっていました。このような情勢をふまえて、法改正により2007（平成19）年4月1日以降に成立した離婚を対象に年金分割が可能になりました。

　分割の対象となるのは「婚姻期間中の厚生年金保険や共済年金の報酬比例部分（保険料納付記録）」であり、最大2分の1を分割できます。老齢基礎年金や厚生年金基金の上乗せ部分、企業年金などは分割の対象となりません。また、結婚前や離婚後の期間は分割の対象ではありません。

　離婚時の年金分割には、合意分割と3号分割の2種類があります。

ここがPOINT! 合意分割制度

　下記の㋐〜㋒の条件をすべて満たした場合に、当事者二人の請求により分割できる制度です。
㋐2007（平成19）年4月1日以降に離婚している
㋑二人の合意または裁判手続きにより分割の割合を決めている
㋒離婚から2年以内に請求している

　分割の対象となる期間は、結婚してから離婚するまでです。

図表26　年金分割の仕組み〈合意分割〉

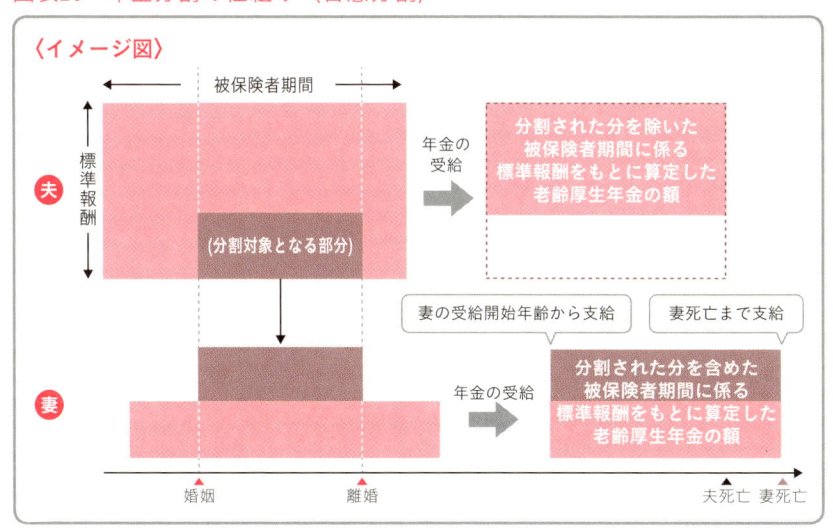

ここが POINT! 3号分割制度

　下記の⑦～⑨の条件をすべて満たした場合に、第3号被保険者であった人（主に妻）の請求により分割できる制度です。

⑦2008（平成20）年5月1日以降の離婚

①2008（平成20）年4月1日以降に第3号被保険者期間がある

⑨離婚から2年以内に請求している

　分割の対象となる期間は、2008（平成20）年4月1日から離婚するまでにある第3号被保険者期間で、その期間の相手方の厚生年金保険の記録が<u>合意の必要なく自動的に2分の1ずつに分割されます。</u>

　2008（平成20）年3月までの期間については3号分割の対象とはならないため、合意または裁判手続きによる分割割合を決める必要があります。

　勘違いしやすいですが、年金分割の合意分割と3号分割という制度は、それぞれ全く違う期間で考えられるのではなく、合意分割が婚姻中の全期間を対象にしているため、3号分割は合意分割との重複があります（3号分割の対象となる期間は2018（平成20）年4月1日以降の期間のみ）。

図表27　年金分割の仕組み〈３号分割〉

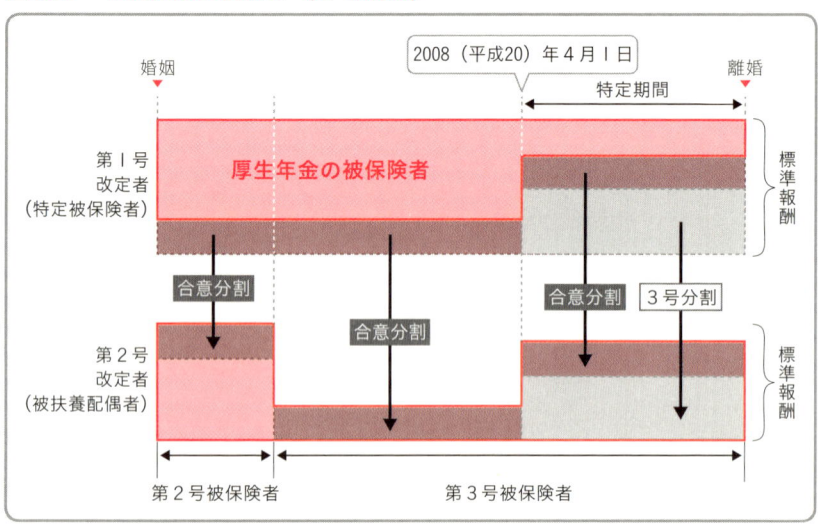

※３号分割と合意分割の両方に該当する場合、３号分割を先に行い、３号分割による改定後の標準報酬を含めた標準報酬が合意分割の基礎となる。

図表28　合意分割と３号分割の違い（まとめ）

	合意分割	３号分割
当事者（夫婦）	第１号改定者	特定被保険者
	第２号改定者	被扶養配偶者
離婚時期	2007（平成19）年４月１日以後	2008（平成20）年５月１日以後
分割対象	対象期間	特定期間
	婚姻期間全体	2008（平成20）年４月１日以後〜離婚するまで
	婚姻期間中に厚生年金や共済年金に加入していた夫婦の標準報酬の総額が分割の対象となる。双方が厚生年金や共済年金に加入していた期間を含む。	第３号被保険者期間であった期間に、相手方が厚生年金・共済年金に加入していた標準報酬。双方が厚生年金や共済年金に加入していた期間は含まない。
分割割合	標準報酬総額の２分の１まで	２分の１
合意	合意が必要	合意は不要
請求期限	２年	２年

ここが POINT！ 離婚分割をしたら年金はこうなる

　分割した年金を受け取れるのは、自身の受給開始年齢に達したときです。すでに年金を受給している場合は、分割請求をした月の翌月分から厚生年金の金額に反映します。

　また、分割を受ける側が対象期間中に厚生年金被保険者でなかった期間は、相手の厚生年金被保険者期間が「離婚時みなし被保険者期間」として自身の期間とみなされます。

　この「離婚時みなし被保険者期間」は、受給資格期間や加給年金、長期加入者の特例の計算の基礎になることはありません。ただし、振替加算を受けている人が「離婚時みなし被保険者期間」と自身の厚生年金被保険者期間を合わせて20年以上になる場合は、振替加算は受け取れなくなります。

　分割をした後に元配偶者が死亡しても、年金額には影響しません。

ここが POINT！ 離婚分割の請求

　分割の請求は、「標準報酬改定請求書（離婚時の年金分割の請求書）」を記入し、年金手帳・戸籍謄本などの婚姻期間を明らかにする書類・当事者の住民票・公正証書等の按分割合が記載された書類などを用意して、年金事務所に提出します。

　請求期限は、原則として離婚等をした日の翌日から２年以内です。また、離婚から２年以内であっても、相手方が死亡した場合は死亡した日から１ヵ月以内に請求が必要です。

ここが POINT！ 離婚の前に情報提供を受けることができる

　分割請求の前に、按分割合を話し合うために必要な情報（情報通知書）を請求することができます。提供される情報は、「対象期間の標準報酬総額」「分割した場合の厚生年金保険の見込額（50歳以上の人に限る）」などです。

　情報通知書を請求する場合は、「年金分割のための情報提供請求書」を記

入し、年金手帳・戸籍謄本などの婚姻期間を証明できる書類を用意して、年金事務所に提出します。

　情報通知書は二人一緒に請求した場合はそれぞれに通知されますが、一人が請求した場合は、離婚前であれば、請求者本人のみに、離婚後であれば二人それぞれに通知されます。

> ・離婚分轄の請求は離婚後「2年以内」に！
> ・夫の年金の半分がもらえるわけではないので、50歳以上の場合は「見込み額」を確認してから手続きしましょう！

コラム❹ | 事実婚でも年金分割できる!?

　離婚分割において、事実婚の期間は婚姻期間の認定が困難であることなどから対象外とされます。ただし、事実婚期間でも第3号被保険者期間として認定されていた期間があり、2007（平成19）年4月1日後にその事情が解消したと認められる場合には、離婚分割の対象とされる場合があります。

知らないと損する!?
長期加入者特例と障害者特例

✎ ここが **POINT!** 特例に該当する人は報酬比例部分に加えて定額部分も受給できる

　60歳台前半の特別支給の老齢厚生年金は、10ページの図表2のように、段階的に報酬比例部分と定額部分の支給開始年齢が61歳から64歳まで引き上げられています。

　ただし、義務教育終了後すぐに働き始めたため厚生年金の被保険者期間が44年（528月）以上ある人や年金法の障害等級3級以上の障害のある人は、退職やアルバイト勤務などで厚生年金の資格を喪失している場合に限り、報酬比例部分に加えて定額部分が同時に支給され、早くから2階建ての年金を受け取ることができるという特例があります。

　この特例による年金については、さらに、要件に該当する65歳未満の配偶者がいれば、配偶者加給年金も受給することができます。

✎ ここが **POINT!** 長期加入者特例

　長期加入者特例に該当するのは下記①、②の両方を満たす人です。
①厚生年金の被保険者期間が44年（528月）以上あること
②厚生年金の被保険者でないこと（退職している、またはアルバイト勤務など）

　例えば、1957（昭和32）年4月2日生まれのB男さんは、19歳で就職してから63歳までずっと厚生年金保険に加入（44年）し、退職しました。B男さんと同じ生年月日のA男さんは、63歳からは報酬比例部分だけしか受け取れませんが、B男さんは長期加入者の要件に該当するため、63歳から定額部分も受け取ることができます。また、B男さんの妻は加給年金の要件を満たすため、配偶者加給年金も同時に受け取ることができます（妻が65歳になるまで）。図で示すと図表29のとおりです。

図表29　長期加入者の特例

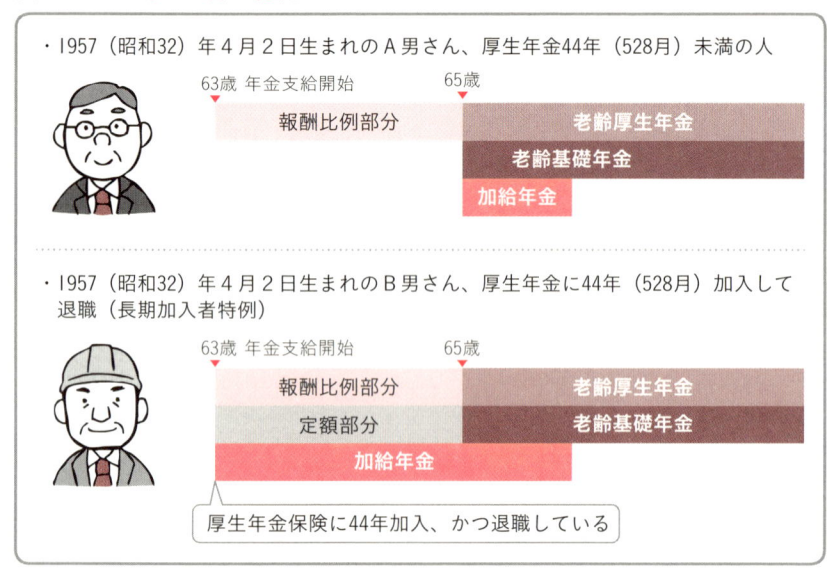

　長期加入者特例の「44年（528月）」の被保険者期間は、継続していなくても構いません。転職の合間に加入期間が途切れた期間があったとしても、すべての厚生年金保険の期間を合算して44年（528月）以上あれば該当します。44年（528月）近くお勤めして、そろそろ退職を考えている方がいたら、この制度を利用するとよいでしょう。

　ただし、44年（528月）に1ヵ月でも足りないと特例に該当しませんので、長期加入者の特例を利用する場合は、必ず退職前に年金事務所等で加入期間の確認を行うようにしてください。

　この「44年（528月）」は一つの制度（「厚生年金保険のみ」「共済年金のみ」）で44年が必要です。厚生年金保険と共済年金の加入期間を合計して44年に達しても該当しません。
　長期加入者の特例の年金を受けている人が65歳前に再就職をして厚生年金保険に加入した（被保険者となった）場合は、「定額部分」と「加給年金」は支給停止となります。

✎ ここが POINT! 障害者の特例

　障害者の特例に該当するのは下記①、②の両方を満たす人です。

①障害等級3級以上の障害の状態にあること

②厚生年金保険の被保険者でないこと（退職している、またはアルバイト勤務など）

　「障害等級3級以上」とは、年金法の障害厚生年金1級から3級に該当する障害の程度のことです（障害等級の程度については128〜129ページ【参考資料③】を参照）。例えば、人工臓器（心臓ペースメーカーや人工関節など）を身体に付けている場合はそれだけで年金法の障害等級3級相当になり、この特例に該当します。

　例えば、1956（昭和31）年5月2日生まれのC子さんは、58歳の時に人口関節の手術をしました。C子さんは本来なら60歳からは報酬比例部分だけしか受け取れませんが、障害者特例に該当するため、60歳から定額部分も受け取れます（65歳までに障害等級3級以上に該当した場合は、その時点から定額部分が支給されます）。また、すでに障害年金（1級〜3級）を受けている人も対象となります。この特例による年金については、さらに、要件に該当する65歳未満の配偶者がいれば、配偶者加給年金を受給することができます。

　なお、障害者特例の年金を受けている人が65歳前に再就職をして厚生年金保険に加入した（被保険者となった）場合は、「定額部分」および「加給年金」は支給停止となります。

＊

　以上のように、本人が気づかない「もらい忘れ年金」はこんなにあります。「年金をもらっていない」「年金額が少ない」「高卒（中卒）からずっと長期にわたって働いている」「障害がある」などに該当するお客さまがいたら、ぜひ、上記の例に該当しないか、確認してみましょう。

第 2 章

もらい忘れ年金を
なくすための下準備

—— Introduction ——

もらい忘れ年金を発掘するためには、まずは、
お客様に自分の履歴を振り返っていただくことから
始める必要があります。ただ、昔の記憶を掘り起こすのには
時間がかかるものです。さらに、当時勤務していた会社が
倒産してしまっていたり、勤務期間や賃金が曖昧だったりと、
はっきり思い出すことが難しいことはよくあります。
この章では、お客様にしていただくことと、
お手伝いできることを整理してみましょう。

1 年金の加入記録を しっかりと調べる

✎ ここが POINT! 漏れや届出ミスはなくなっていない

　浮いた年金問題と言われる約5,000万件の年金記録は、まだすべてが紐づけされて年金記録が確定したわけではありません。問題が発覚した当時、すべてのデータはパソコンで管理されていませんでした。帳票は手作業で管理され、国民年金保険料が現金で授受された場合の納付の管理がなされていなかったなど、問題はいくつもの要因が重なって起きていたのです。

💬 用語解説「浮いた年金問題」

2007年に、社会保険庁が管理していた年金記録のうち、浮いた年金記録と言われた約5,000万件の所有者不明の記録が判明し、社会保険庁のずさんな管理体制が公になった問題。年金受給者の死亡や高齢化もあり、今もすべての年金記録の所有者は判明していない。

　実は、今も、漏れや届出ミスはなくなっていません。2010（平成22）年度に全国で実施された日本年金機構の事業所調査を見てみましょう（図表30）。調査された社会保険の適用事業のうち、４件に１件の会社に何らかの指導が入っている状況です。この指導の中で年金額に関係するのは、「賞与支払届出の提出漏れ」「資格取得届出漏れ」「報酬月額訂正」「月額変更届出漏れ」等です。何でも会社任せにしていると、ミスが見逃されがちです。

図表30　事業所に対する指導内容の内訳

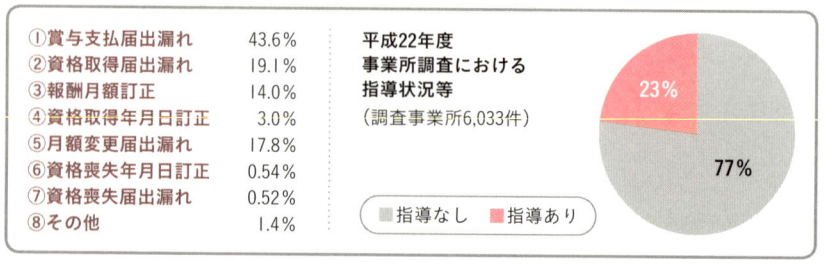

①賞与支払届出漏れ	43.6%
②資格取得届出漏れ	19.1%
③報酬月額訂正	14.0%
④資格取得年月日訂正	3.0%
⑤月額変更届出漏れ	17.8%
⑥資格喪失年月日訂正	0.54%
⑦資格喪失届出漏れ	0.52%
⑧その他	1.4%

平成22年度
事業所調査における
指導状況等
（調査事業所6,033件）

23%　77%

■指導なし　■指導あり

✒ ここが POINT! もらい忘れ年金をなくすための主な確認事項

次項でも説明しますが、自分の年金は自分で管理するよう、そして、それを証明できる書類は、年金を受け取れる時まで保管しておくことが肝心です。

図表31　公的年金に関する確認事項

年月日	報　酬	証　拠
・入社日と社会保険の資格取得日の確認 ・退社日と社会保険資格喪失日の確認	・標準報酬月額は合っているか（手当を含んだ給与総額か） ・賞与の記録が年金履歴に入っているか（2003（平成15）年4月以降） ・固定給の変動があった時に社会保険の変更届がされているか	・給与明細など標準報酬を証明するものはあるか ・国民年金加入中の保険料の納付を証明する領収書などはあるか

図表31は、公的年金に関する主な確認事項について、「年月日」「報酬」「証拠」に分けて掲げています。

このうち、会社が試用期間は社会保険の加入をしていなかったり、パートやアルバイト自身が社会保険に加入していないと思い込んでいたりと、社会保険の取得日と喪失日が本人の記憶している年月日と異なるケースは意外と多いものです。また、退職日が月末なのに、喪失日が1日前倒しになっているケースもあります。

また、会社が給与の変更の届出をしていなかったり、賞与の支払届を提出していなかったりといったミスも当然あります。

記憶というものは月日が経過すれば曖昧になるのは当然です。できれば、給与明細や出勤の記録など、何か証拠となるものを保管しておきましょう。

✒ ここが POINT! 間違いに気がつかない誤登録情報の具体例

日常生活では、年金手帳を使うことはほとんどありませんから、年金を請求しようとするとき、「なぜか複数の年金手帳がある」「番号が違う」「名前

が正確ではない（旧字体、旧姓など）」「生年月日の誤り」など、基礎年金番号に登録されている情報が間違っていることに気づくケースがあります。

年金手帳が何冊出てこようが、結局、基礎年金番号にこれまでの職歴や加入歴がまとめられていれば問題はありませんが、転職や結婚などの被保険者の切替えの際に、しっかりと切替えをしていないことがあります。

加入していたのに「未納」であったり、被保険者の種別が異なっていたりと、ちゃんと加入履歴の整理ができていないことがあります。

💬 用語解説「種別」

国民年金でいう「種別」と厚生年金保険の「種別」がある。国民年金の種別には３つある。厚生年金保険が被用者年金制度の一元化がされてからの厚生年金保険の種別は４つある（図表32）。厚生年金保険の種別はあまり気にする必要はないが、国民年金の種別が合っていないと、未納や重複など保険料に関係するので確認しておきたい。

図表32　被保険者の種別

種別	国民年金	第１号被保険者	20歳～60歳未満の自営業者や学生など。保険料は自分で納付。
		第２号被保険者	厚生年金や共済組合などに加入している会社員、公務員など。保険料は会社で天引きされ、会社と折半負担で納付。
		第３号被保険者	第２号被保険者の被扶養配偶者で20歳～60歳未満。保険料の負担はない。
	厚生年金保険	第１号厚生年金被保険者	民間の会社員　　（保険料率　18.300％）
		第２号厚生年金被保険者	国家公務員　　（保険料率　17.986％）
		第３号厚生年金被保険者	地方公務員　　（保険料率　17.986％）
		第４号厚生年金被保険者	私立学校職員等（保険料率　15.416％）

※厚生年金保険の各被保険者の保険料率は、平成30年８月現在。

年金手帳があり、基礎年金番号がわかる方は、日本年金機構の「ねんきんネット」で、次の手順に則って年金の加入履歴を調べておきましょう。年金加入履歴の整理をすることが将来の年金のもらい忘れを防ぐことにつながります。

加入履歴は、「ねんきんネット」で確認しましょう！（図表33）　ねんきんネットの登録の際には、ユーザIDを取得する必要があります。お手元には、年金手帳や年金証書をご準備いただきますが、その後の手順は、アクセスキーを持っているかどうかで手順が異なります。

図表33　日本年金機構「ねんきんネット」の画面

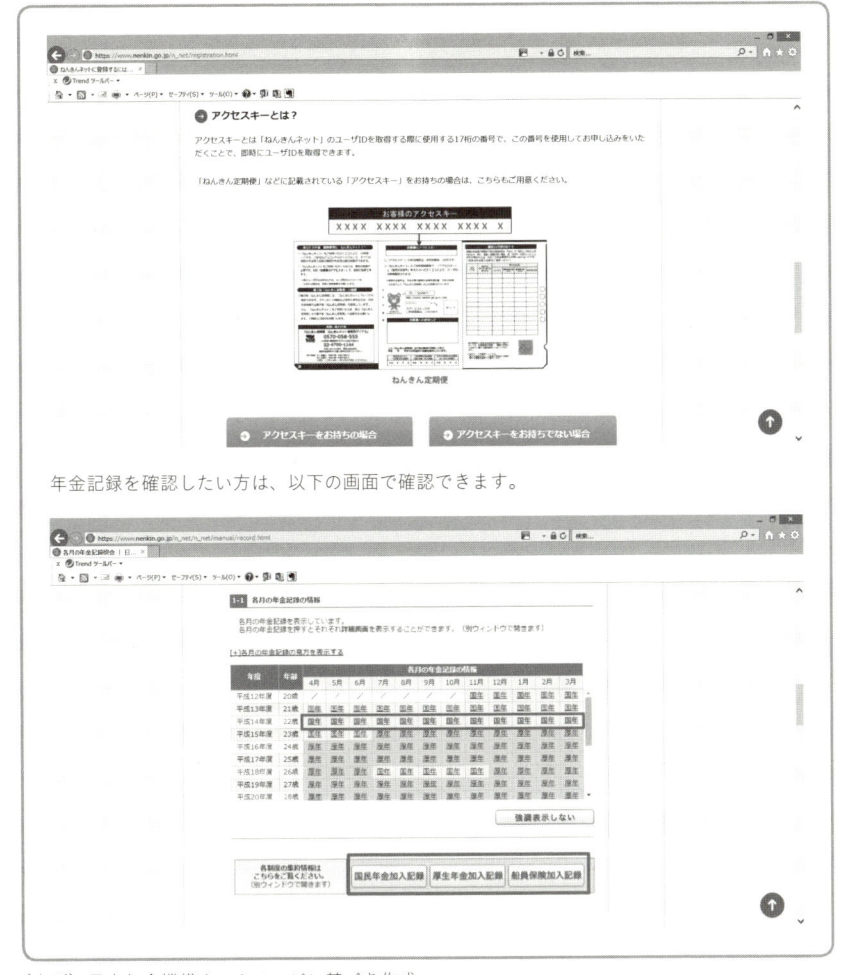

（出所）日本年金機構ホームページに基づき作成。

> ねんきんネットで一番注目していただきたいのが、持ち主が不明となっている年金記録の検索機能です（図表34）。これは、記録の持ち主に心当たりがある方が検索して、記録につなげられるということです。

図表34 「ねんきんネット」（持ち主不明記録検索）

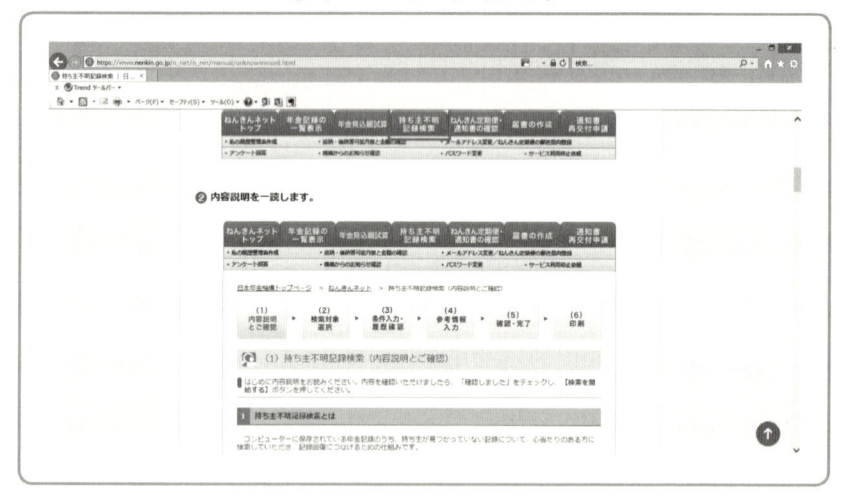

（出所）日本年金機構ホームページに基づき作成。

　持ち主不明の年金記録とは、以下のような期間が考えられます。

☑ 基礎年金番号に統合されていない国民年金、厚生年金保険、船員記録の配置

☑ 1996（平成8）年以前に退職した旧三公社組合（JR、JTT、NTT）

☑ 国民年金死亡者記録

☑ 旧陸軍、海軍共済制度の記録

☑ 共済過去記録

☑ 農林過去記録

☑ 厚生年金基金記録

　もし、年金記録が訂正されれば、遺族年金にも反映されます。古い記録を探すのは大変ですが、見つけたときの効果は大きいといえるでしょう。

ここが POINT! ねんきんネット以外での年金相談窓口

　年金相談は、直接、年金事務所や街角の年金相談センターを利用することができますが、電話での年金相談やファクシミリによる年金相談なども利用可能です。

　年金相談について、代理人が相談する場合には、必ず「委任状」と本人確認が必要です。直接、年金事務所等に出向く場合には、予約をして、準備をしてから年金相談に行くようにしましょう。

　委任状は、任意の書式でもかまいませんが、日本年金機構のホームページからダウンロードして利用してもよいでしょう（図表35）。

図表35　委任状記入例

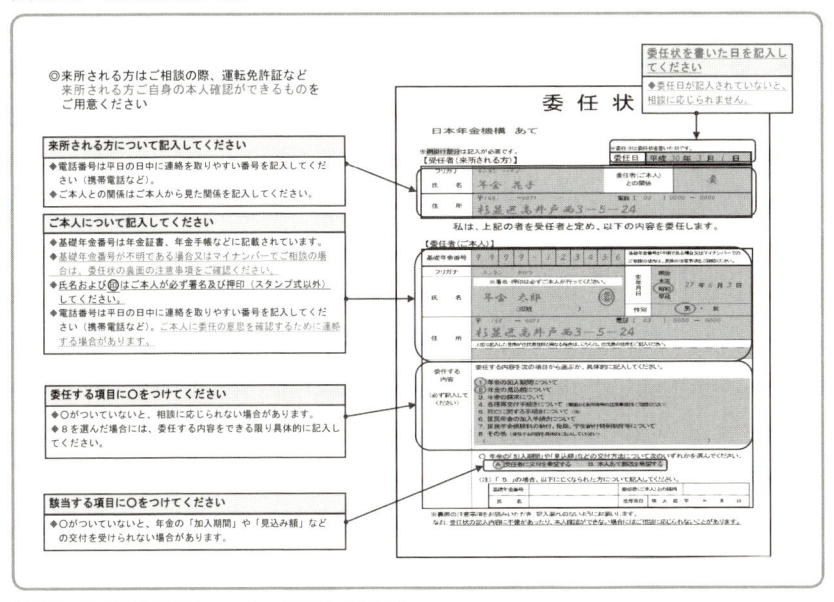

（出所）日本年金機構ホームページに基づき作成。

2 賃金と年金の関係を しっかりと調べる

✎ ここがPOINT! 年金記録に空きを作らないことが年金受給の大前提

　年金相談は、目前に年金請求を控えている年齢の方が多いものですが、本来は、20歳〜30歳代の方が将来年金を受け取るために、長期にわたって年金を積み上げていくための計画を立てることが理想的です。

　まずは、ねんきん定期便等で加入期間や標準報酬月額を確認し、年金記録の誤りを正し、記録の空白を作らないようにしましょう。

　もし、届出をせず、単に保険料を納めるのを忘れている未納であれば、年金保険料を納付できるのは2年以内です。

　なお、法定免除や申請免除、学生納付特例、保険料納付特例などの免除や猶予の届出をして、保険料免除期間や納付特例期間と認められていれば、あとから納付できるのは10年以内です。

✎ ここがPOINT! 年金を増やすことを考える

　さかのぼって年金保険料を納付するのは、金額が大きいだけに迷うところかもしれません。2019(平成31)年度の国民年金保険料は月額16,410円ですが、この保険料を2年以上さかのぼって支払う場合には、2年分の保険料に加えてさらに利子が上乗せされます。

　よく、「年金の保険料を払うと、年金額はどれくらい増えるの？」と質問を受けることがあります。

　ひと月分を追納すると、1,625円※が年金額に加算されます。「たかが」と思われるかもしれませんが、年金を少しでも増やすためには、できる対策から着手していくことが大切です。年金をきちんと受け取るためには、「もらい忘れを防ぐこと」と「保険料を納められる期間は確実に納める」という両輪の対策が有効です。

※1年納付すると、「780,100円×12／480≒19,503円→約20,000円」増える。

図表36　追納保険料例（平成30年度分）

	全額免除	4分の3免除	半額免除	4分の1免除
平成20年度の月分	15,170円	11,380円	7,580円	3,790円
平成21年度の月分	15,260円	11,440円	7,630円	3,810円
平成22年度の月分	15,520円	11,640円	7,760円	3,880円
平成23年度の月分	15,310円	11,470円	7,650円	3,820円
平成24年度の月分	15,160円	11,360円	7,580円	3,780円
平成25年度の月分	15,130円	11,350円	7,570円	3,780円
平成26年度の月分	15,280円	11,460円	7,640円	3,820円
平成27年度の月分	15,610円	11,700円	7,800円	3,900円
平成28年度の月分	16,260円	12,190円	8,130円	4,060円
平成29年度の月分	16,490円	12,370円	8,240円	4,120円

※平成28年度の月分と平成29年度の月分については、追納加算額はない。
（出所）日本年金機構ホームページに基づき作成。

ここが POINT!　年金記録の「給与」「賞与」に間違いに注意

　2003（平成15）年3月までは、賞与が支給されても、年金額には反映されていませんでした。これが、2003（平成15）年4月以降、賞与が年金額の計算に加味されることとなりました。

　賞与が年金額に反映されるためには、事業主が賞与支払届を年金事務所に提出しなければなりません。この提出を忘れていたり、間違った金額で提出していたりするケースがありえます。

　また、社会保険料の算出の対象となるのは全ての賃金ですが、通勤定期代が現金で支払われていたり、各種手当に変動があった場合に、会社が年金事務所に賃金額を間違えて届出しているケースもあります。もし、そのようなケースであれば、年金事務所で記録の訂正が可能です。

ここが POINT!　正しい年金額かどうかは自分で確認すること

　日本の公的年金制度は非常に複雑な制度です。誰一人としてまったく同じ年金履歴を持った方はいません。今でも、よく「会社がきちんと手続きはしてくれているはずだから」という、根拠のない安心感をお持ちの方がいるのですが、会社がミスをすることはありうることです。

例えば、今なら第3号被保険者の手続きは会社が届出をしてくれますが、以前は、会社員に扶養されている配偶者が自ら市区町村の窓口に足を運んで加入手続きや種別変更の届出をしなければならない時期がありました。

配偶者がいる場合は、退職したり就職したりというタイミングで、資格の取得や喪失など、状況に応じた届出をきちんと行っているかの確認が必要でしょう（図表37）。

図表37　もらい忘れを発見するための主なチェック項目

- ☐ 複数の年金受給権を持っている
- ☐ 年金手帳をいくつも持っている
- ☐ 転職を繰り返した、職歴が途切れた
- ☐ 勤務先が倒産している、もしくは名称が変更している、住所が変更した
- ☐ 実際に支払われていた給与、賞与と届け出された金額が異なっている
- ☐ 氏名、住所が変わった（手続きの有無がはっきりしない）
- ☐ 未加入、未納の期間がある
- ☐ 年金の保険料を免除、猶予された期間がある
- ☐ 親が払ってくれた国民年金保険料の払込期間がはっきりしない

　複数の年金手帳を持っており、番号もいくつもあるのであれば、一つの基礎年金番号に情報をまとめる手続きをしてください。

　会社名や会社の住所がはっきりわからないうえに、会社が元の住所に今はもうないケースもあります。

　会社の頭文字や当時の○○区などの大体の住所がわかれば、年金事務所の窓口が、お客様の記憶を呼び覚ますことを手伝ってくれます。

　曖昧な記憶でもかまいませんので、不明な点があれば、年金事務所や街角の年金相談センターに問い合わせてみましょう。

3 定年後の働き方によって年金受給の方法を選ぶ

✏ ここが POINT! 年金受給資格が発生した後の働き方を考える

　ここまでは、年金の受給資格を満たし、年金を充実させるための年金加入を中心に説明してきました。ここからは、年金受給資格が発生した後の働き方について考えてみることにします。

　定年後、引退して悠々自適の生活を送るという例はあまり聞かれなくなり、定年後も働き続けるという例を多く聞くようになりました。定年後、再雇用などで働いていると、「年金が止まって損になるから今は受け取らない」「退

図表38　定年後の働き方

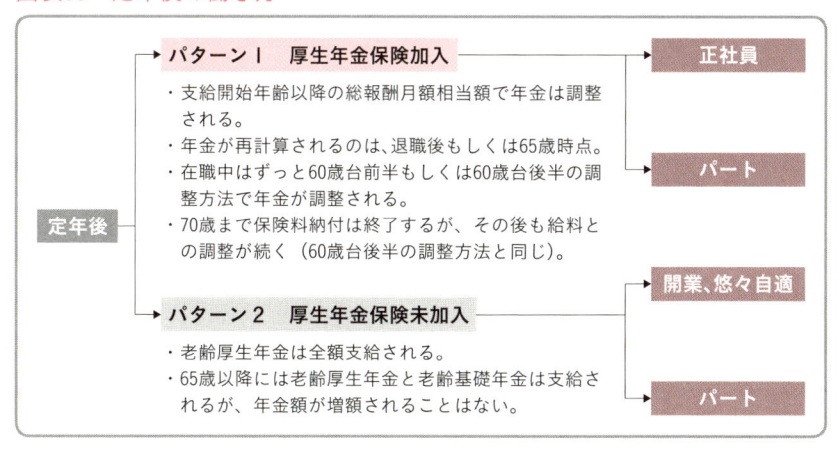

職してから受け取ることにする」と、まるでもらい忘れている年金を後で「受け取る」という感覚の方がいらっしゃいますが、それは誤りです。定年後の働き方と年金との関係を正確に理解しておきましょう。定年後の選択肢としては、図表38のような様々な働き方が考えられます。

社会保険（健康保険、介護保険、厚生年金保険）、雇用保険に加入するのか、雇用保険のみ加入するのかなど、労働者の雇用形態は様々です。そうしたなか、「扶養家族の範囲で働きたい」という要望はよく聞くものですが、実は扶養の範囲と言われる金額の定義も様々で、現在の税金や保険料にこだわるのか、将来の年金にこだわるのかなどによって、本人が聞きたい扶養家族の定義が異なってきます。

働いた時の税金や社会保険関係など、自分では難しく感じて理解がしにくかったとしても、年金事務所、ハローワーク、インターネットなど、質問し解決できる窓口や便利なホームページが充実しています。ただし、日本年金機構以外のインターネットの情報は玉石混交ですので、人の情報だけでなく、しっかりと公的な窓口に確認することが必要です。

ここがPOINT! 支給開始時期は計画できる

以前は、船員や公務員などの公的年金の支給開始年齢は55歳ということもありましたが、度重なる年金の改正によって、段階的に65歳に延長されてきています。

また、公務員の共済制度の年金部門も厚生年金保険に統合されました。厚生年金保険の場合、年金の支給開始年齢のスケジュールは、女性は男性よりも5年遅れで引き上げられてきました。ただし、共済はもともと男女の別なく年金の受給開始年齢は同じスケジュールで段階的に引き上げられます。

このように、ただでさえ複雑な年金制度を詳しく理解するのは容易ではありません。まずは、自分の年金の支給開始時期がいつになるのかについて、信頼できる窓口（日本年金機構の窓口、共済の窓口など）で確認しましょう。

そのうえで、原則通り年金を請求するのか、それとも、「繰上げ」や「繰下げ」等の制度を利用するのかなど、ライフプランに沿った年金受給の方法をしっかりと計画することが肝心です。

諸外国に目を転じてみると、公的年金の受給受給開始年齢を68歳としている国もみられ、日本でも受給開始年齢を65歳から68歳に引き上げるといった方向性が検討され始めました。受給開始年齢の引上げが実現するまでには、

まだ当分、時間の猶予があるでしょう。今後、生年月日による経過措置がどのようなものになるのかについても、今後を見守る必要があります。

第1章でも触れたように、「友人、知人、同級生であろうと、年金履歴が同じわけがない。自分の損得と他人の損得は別」であることを忘れないでください。

コラム❺ | 60歳以降の任意加入は前向きに考えるべき!?

国民年金は、原則として60歳になると資格を喪失します。ただし、専業主婦の期間が長く、結婚前まで数年しか厚生年金保険に加入していなかったという方であれば、60歳以上65歳までの任意加入をすることも選択肢の一つとして検討してみるべきでしょう。

今や「長生きはリスク」と考えられています。人の寿命は何年続くかわかりません。公的年金は終身年金ですから、一生涯支給されるという点が一番のメリットです。その年金額が少しでも多くなれば、老後の安心につながります。

ちなみに、60歳から65歳までの5年間、60ヵ月加入すると、97,512円（≒780,100円（平成31年度価額）×60／480）の増額となります。ただし、あくまでも、上限は780,100円（平成31年度価額）ですから、すでに480月加入している方についてそれ以上の増額はありません。

コラム❻ | 年金には時効がある

原則として、年金を受ける権利である「基本権」は、権利が発生してから5年を経過した時には、時効によって消滅します（図表39）。ただ、何らかの事情で、この5年を過ぎて請求することがあるかもしれません。そんな時には、理由を申し立てして、この「基本権」を消滅させないという手続きがあります。

一方、「支分権」というものがあり、これは、受給権が発生した後に、実際の年金を受け取るという権利です。この「支分権」は2007（平成19）年7月6日以前に受給権が発生した場合と以降に発生した場合では、扱いが異なります。2007（平成19）年7月7日以降に受給権が発生した場合には、支分権は5年を経過しても自動的に消滅せず、国が個別に時効を援用することによって、時効消滅することになっています。

図表39　年金の時効

年金の種類	時効の期間	時効の起算日
老齢年金	5 年	支給事由が生じた日の翌日
障害年金	5 年	支給事由が生じた日の翌日
遺族年金	5 年	支給事由が生じた日の翌日
未支給年金	5 年	受給権者の年金の支払日の翌月の初日
死亡一時金	2 年	死亡日の翌日
脱退一時金	2 年	日本に住所を有しなくなった日

※支分権については、時効の起算日は、年金の支払日の翌月の初日。

コラム❼ │ 外国人でも年金の給付を受け取れる⁉

　日本に住む20歳以上60歳未満の人は、外国人を含めて国民年金に加入し、保険料を納めることが法律で義務づけられています。また、適用事業所に常時使用される人は、国籍や性別、賃金の額等に関係なく、すべて厚生年金保険の被保険者となります。

　日本の社会保障制度に加入する外国人については、本国の社会保障制度にも加入しなければならず、二重加入の問題が生じます。そこで、二国間で社会保障協定を結ぶことで二重加入を防止するという措置がとられています。

　2018年8月現在、日本と社会保障協定を結んでいるのは、ドイツ、イギリス、韓国、アメリカ、ベルギー、フランス、カナダ、オーストラリア、オランダ、チェコ、スペイン、アイルランド、ブラジル、スイス、ハンガリー、インド、ルクセンブルク、フィリピンの18ヵ国となっています。

　日本と社会保障協定を締結している国の人の場合、日本と外国での年金加入期間が10年以上あれば年金を受け取ることができます。

　なお、短期在留外国人で、国民年金の納付期間が6ヵ月以上あり、老齢基礎年金の受給資格のない外国人が、被保険者の資格を喪失し日本を出国した場合、出国後2年以内に脱退一時金を請求することができます。

　外国人への脱退一時金については、日本年金機構のホームページで、英語のほか中国語、韓国語、ポルトガル語、スペイン語などのパンフレットをダウンロードすることができます。日本で働く外国人の方についても、もらい忘れ年金がないかどうかアドバイスしてあげましょう。

第3章

知っておきたい
上乗せ年金

—————— Introduction ——————

日本の年金制度は、「基礎年金」「被用者年金」
「企業年金」の3階建ての体系となっています。
ここでいう上乗せ年金とは年金制度の3階部分のことで、
国民年金基金、厚生年金基金、確定給付企業年金、
確定拠出年金などがあります。本章では、上乗せ年金の
もらい忘れを防ぐためにも、制度の基本知識と
請求のポイント等について確認しておきましょう。

1 国民年金基金、厚生年金基金の請求手続き

✎ ここが POINT! 国民年金、厚生年金保険に上乗せされる企業年金等

　日本の年金制度は、全国民に共通した国民年金（基礎年金）をベースに、被用者年金としての厚生年金保険、さらにその上乗せとして、国民年金基金（自営業者等の年金の2階部分）、厚生年金基金、確定給付企業年金、確定拠出年金などの企業年金というように、3階建ての体系となっています（図表40）。

図表40　年金制度の体系

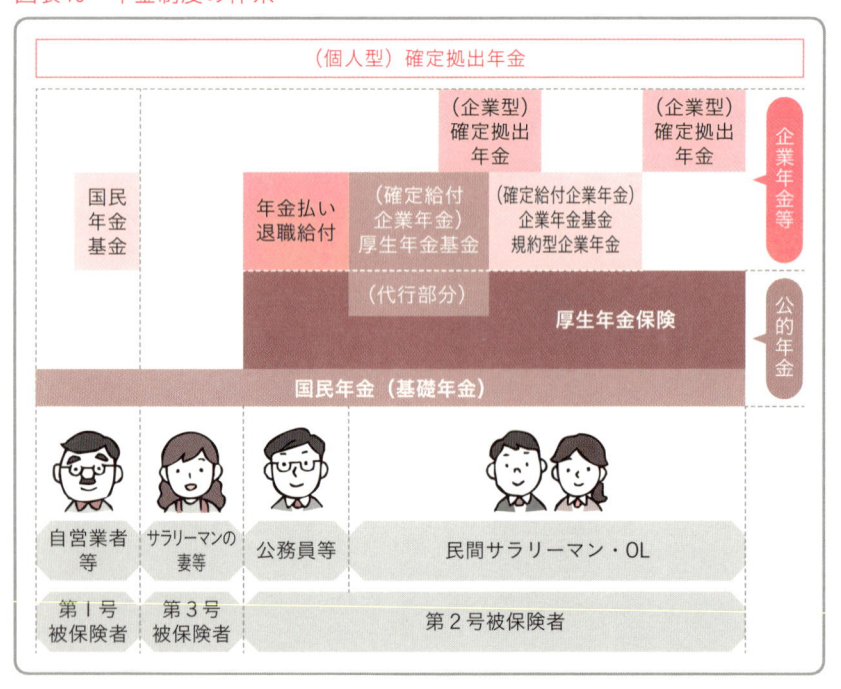

　次項、上乗せ部分の年金の概要について、見ていくことにします。

⑴ 国民年金基金の概要

　自営業者やフリーランスなどの第1号被保険者が受け取る国民年金は、最長40年にわたって加入したとしても、満額で780,100円（平成31年度価額）にしかなりません。そこで、自営業者などの老後の所得保障を目的として、国民年金に上乗せして加入できるのが国民年金基金です。自営業者等は、国民年金（基礎年金）に国民年金基金に任意加入することで、サラリーマン等と同じように、2階建ての年金が実現します。

①地域型と職能型の2種類

　国民年金基金には地域型基金と職能型基金があります。地域型は、各都道府県に1つずつ設立されています。職能型は、同じ職種に従事する方々で組織する25種類の全国単位で設立されています。どちらの形態に加入しても、基金としての事業内容は同じです。

図表41　国民年金基金の給付の種類（1口目）

※加入月が50歳未満か50歳以上かで取扱いが異なるため、加入時期に注意。
（出所）国民基金連合会ホームページに基づき作成。

②給付は老齢年金と遺族一時金

国民年金基金の給付には、老齢年金と遺族一時金の２つがあります。

老齢年金の給付の型は、終身年金Ａ型・Ｂ型（図表41）、確定年金Ⅰ型・Ⅱ型・Ⅲ型・Ⅳ型・Ⅴ型の７種類となっています。加入は、自分が何口加入するかによって受け取る年金額が決定する仕組みで、年金額や給付の型は自分で選択することができます。ただし、Ⅰ口目は終身年金Ａ型、Ｂ型のいずれかの選択となります。

③掛金は全額が所得控除の対象となる

国民年金基金には税制上の優遇があります。国民年金基金の掛金は全額が所得控除の対象となり、所得税や住民税が軽減されます。

④利用上の注意点

・中途解約不可

国民年金基金はいったん加入すると、自分の都合で任意に脱退または中途解約することはできません。職能型基金に加入したのち、もしその職種を辞めるなどの脱退事由に該当した場合には、資格を喪失しても途中に返戻金として戻ることはなく、将来、年金として支払われます。

・国民年金の付加年金と国民年金基金のどちらか一方を選択

国民年金の上乗せとして付加年金の制度を利用している方は注意が必要です。国民年金の付加年金と国民年金基金はどちらか一方しか利用することができません。

> 国民年金基金は国民年金と同じく65歳から受け取ることとなりますが、もし、国民年金の老齢基礎年金を繰上げ受給した場合には、繰上げ期間中、国民年金基金から国民年金の付加年金に相当する部分だけを受け取ることとなります。もちろん、自分で請求しなければなりません。年金の支給開始年齢になったときには年金事務所に手続きするだけでなく、更に、基金に請求手続きを行うことを忘れないようにしましょう。

⑵ 厚生年金基金の概要

　厚生年金基金は、厚生年金保険の給付の一部を基金が国に代わって支給するとともに、さらに独自の上乗せ給付を行う企業年金のひとつです。現在は、運用環境の悪化や会計基準の改正の影響等を背景に、代行部分返上、確定給付企業年金への移行、基金の解散などが行われています。2014（平成26）年4月以降は、厚生年金基金の新規の設立は認められていません。

①厚生年金基金の給付

　厚生年金基金に加入したことがある方の年金は、基金が国に代わって報酬比例部分の一部を代行して支給することとなっています。基金独自の加算がある場合にはプラスアルファとして年金が支給されます（図表42）。

図表42　厚生年金基金の加入イメージ

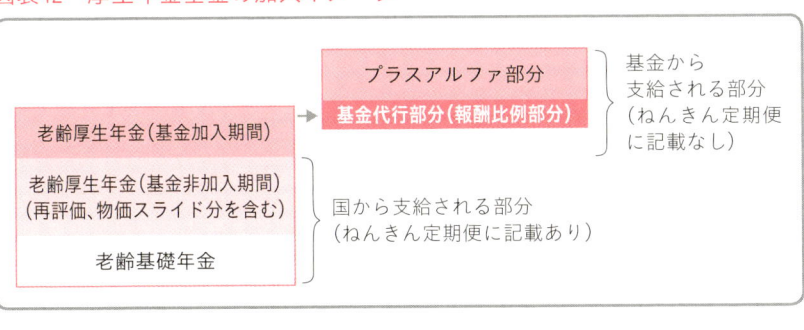

②厚生年金基金の請求

　厚生年金基金の加入したことのある方は、その後の資格喪失の仕方によって、年金の受取方法と請求先が異なります（図表43）。請求先は年金事務所、厚生年金基金、もしくは企業年金連合会のいずれかとなります。

図表43　厚生年金基金の年金支給

中途脱退者	・代行部分と加算部分は企業年金連合会より支給 ・2014（平成26）年４月１日以降に中途脱退者となった方には基金より支給
代行返上	・代行部分は国から支給 ・加算部分は新たな企業年金から支給
解　散	・2014（平成26）年４月前に解散した場合、代行部分と解散部分は企業年金連合会より支給 ・2014（平成26）年４月１日以降に解散した場合、代行部分は国より支給、加算部分は廃止

③解散基金加入員の年金通算

　解散基金加入員の方の年金については、2014（平成26）年４月の前後で取扱いが異なります（図表44）。基金は2014（平成26）年４月１日以降の新規設立は認められていません。この改正が施行された日以後５年間の時限措置として、最低責任準備金の納付期限納付特例の特例を設けることで年金資産が最低責任準備金を下回っている厚生年金基金について、他の企業年金制度への移行や解散を促しています。そのため、受取方法や請求先が異なってきます。年金事務所からは支給開始年齢になるときには書類が送られてくるので忘れないものですが、上乗せ年金の場合、受取方法や請求先がわからず、そのままになっていることもあります。

図表44　中途脱退者の年金通算

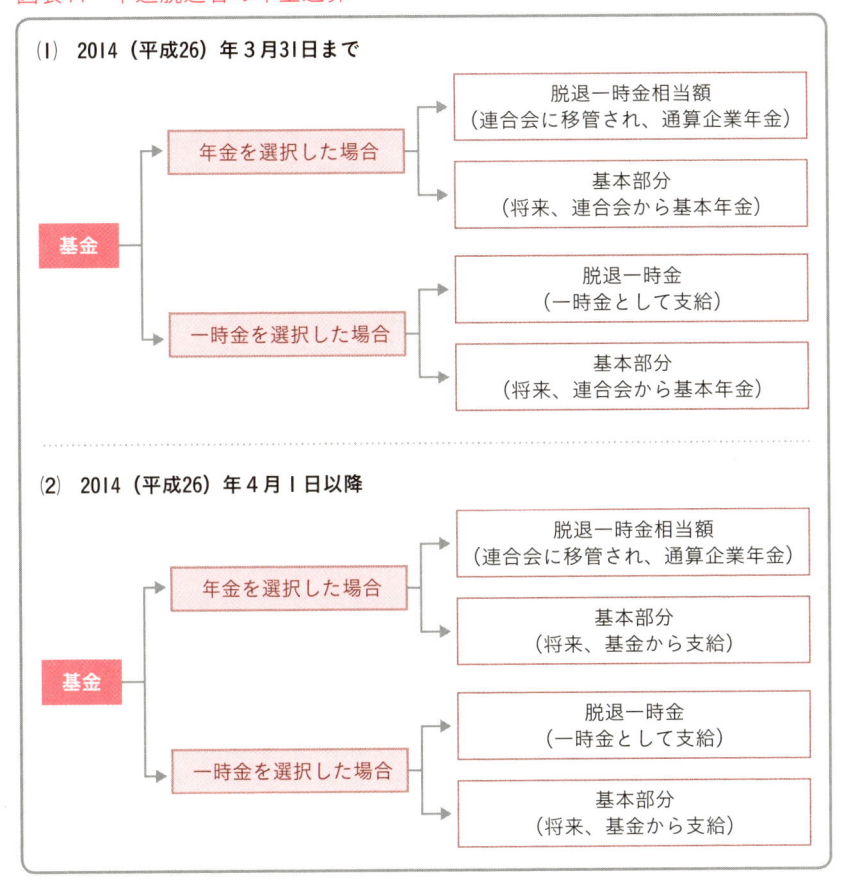

(1)　2014（平成26）年3月31日まで

基金
- 年金を選択した場合
  - 脱退一時金相当額
（連合会に移管され、通算企業年金）
  - 基本部分
（将来、連合会から基本年金）
- 一時金を選択した場合
  - 脱退一時金
（一時金として支給）
  - 基本部分
（将来、連合会から基本年金）

(2)　2014（平成26）年4月1日以降

基金
- 年金を選択した場合
  - 脱退一時金相当額
（連合会に移管され、通算企業年金）
  - 基本部分
（将来、基金から支給）
- 一時金を選択した場合
  - 脱退一時金
（一時金として支給）
  - 基本部分
（将来、基金から支給）

　結婚前に短期間、厚生年金基金に加入していたり、すでに厚生年金保険の脱退手当金を受け取った後など、基金に加入したことは覚えているものの、基金からは案内が何も来ないからという理由で請求していない方がいます。

　女性の場合、氏名や住所の変更も多いですが、その都度、厚生年金基金に届出をしている方はあまりいません。すでに厚生年金保険の脱退手当金を受け取ったために、厚生年金基金も脱退したと思い込んでいる方もいます。

　年金事務所に住所変更や氏名変更届をしても、企業年金連合会に提出したことにはなりませんので注意が必要です。

　基金に加入したことがある、もしくは加入していた基金が解散したなど、基金に請求していいのかどうかわからない場合には、基金に直接問い合わせてみる、もしくは企業年金連合会に履歴を調べてもらうことができます。もし、厚生年金保険から脱退手当金等を受け取っていても、基金のみ請求できるケースがあります。

　老齢基礎年金は65歳から支給が開始されますが、上乗せの年金の場合、生年月日によって65歳以前に支給開始されることもあることに注意が必要です。もらい忘れのないようにしましょう。

コラム❽ | 老齢厚生年金の繰下げ支給をする方は要注意

　2007（平成19）年4月以降に65歳になる方は、国に老齢厚生年金の繰下げの申し出をすることが可能です。この繰下げの申し出を行うと、連合会の基本年金、代行年金についても繰り下げて支給されることになります。

　そのため、老齢厚生年金の繰下げを申し出る場合には、同時に連合会へも連絡が必要となりますので、注意してください。

　2017（平成29）年8月より、国の老齢年金を受け取るための期間が25年から10年に短縮されています。これに伴い、もし、老齢厚生年金を増額するため、繰上げを申し出る場合には、その間、連合会の年金は、老齢厚生年金の支給が開始されるまで停止されることは覚えておきましょう。

コラム❾ | 企業年金も繰上げできる

　国の老齢厚生年金の受給開始年齢は、60歳から段階的に65歳に引き上げられつつあります。企業年金連合会から支給される年金にも同様の取扱いがあります。支給開始年齢が61歳以上となる方には、本来の支給開始年齢より前に繰り上げて受給することができます。

　ただし、国の年金と同じく、繰り上げた月数に応じて、本来の年金額から減額して支給されるなどのデメリットはもちろんあります。本来、年金の専門家は「繰上げはお勧めできない」と言い続けていますが、「そうせざるを得ない」と本人の希望が非常に強いケースもあります。その場合、企業年金連合会の年金をお持ちの方の請求も忘れないようアドバイスしてあげるといいでしょう。

2 確定給付企業年金の受取方法

✎ **ここが POINT！** 加入している制度、給付、手続き窓口を把握すること

(1) 確定給付企業年金

　確定給付企業年金とは、企業が従業員と給付の内容を約束し、従業員の老齢期にその約束に基づく給付を受けることができる企業年金制度の一つです。企業が厚生労働大臣の認可を受けて法人を設立する「基金型」と、労使合意の年金規約を企業が作成し、厚生労働大臣の承認を受けて実施する「規約型」があります。

図表45　中途脱退者・終了制度加入者等への給付

対象者	連合会へ移管された年金原資	連合会へ年金原資が移管された時期と支給される年金		
		2005（平成17）年9月まで	2005（平成17）年10月以降	2014（平成26）年4月以降
厚生年金保険の中途脱退者	基本部分（代行部分＋アルファ）	基本年金		※1
	脱退一時金相当額	基本加算金	通算企業年金	
解散した厚生年金基金の解散基金加入員	代行部分	代行年金		※1
	残余財産分配金	代行加算年金		通算企業年金
確定給付企業年金の中途脱退者	脱退一時金相当額	※2	通算企業年金	
制度終了した確定給付企業年金の加入者（終了制度加入者等）	残余財産分配金	※3	通算企業年金	

※1　2014（平成26）年以降は、連合会へ基本部分の支給義務の移転は申し出できない。2014（平成26）年4月以降に解散した厚生年金基金の代行部分は連合会へ引き継がれない。

※2　2005（平成17）年9月までに代行返上後の確定給付企業年金の加入資格を喪失した者（厚生年金基金から権利義務移転されたものに限る）については、脱退一時金相当額を、2006（平成18）年1月までに連合会へ交付し、年化することが可能。

※3　2005（平成17）年9月までに代行返上後の確定給付企業年金の制度終了によりその加入資格を喪失した者については、残余財産分配金を2007（平成19）年3月までに連合会へ交付し、年金化することが可能。

⑵ 確定給付企業年金の中途脱退者等

　企業年金連合会は、厚生年金基金の中途脱退者および解散基金加入員、ならびに確定給付企業年金の中途脱退者および終了制度加入者等から年金原資の移管を受け、「通算企業年金」という一定期間で脱退された方等に対する年金給付を行っています（図表45）。

　年金の支給開始年齢に達した時または保証期間内であれば、通算企業年金の受給に代えて選択一時金を受け取ることもできます。ただ、年金の支給開始年齢前には受け取れません。また、死亡一時金は生計を同じくしていた遺族が受け取れます。国の年金の「未支給年金」もそうですが、意外と「生計を同じ」という意味は広く解釈されます。請求忘れがないようにしましょう。

・中途脱退者への年金通算

　2005（平成17）年10月から、確定給付企業年金の中途脱退者は、脱退一時金相当額を企業年金連合会に移管し、年金として受給することが可能となっています。また、将来、通算企業年金の受給権者に対する一時金給付として、死亡一時金や選択一時金があります（図表46）。

図表46　中途脱退者の年金通算

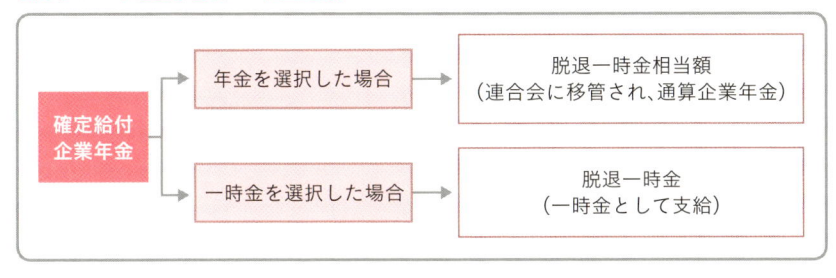

・**終了制度加入者の年金通算**

　確定給付企業年金の終了制度加入者は、残余財産分配金を連合会に移管し、年金化することができます。通算企業年金の受給権者に対する一時金給付として、死亡一時金や選択一時金があります（図表47）。

　企業年金連合会からの年金の支給開始年齢は、原則として国の老齢厚生年金と同じで図表48のとおりです。

図表47　終了制度加入者の年金通算

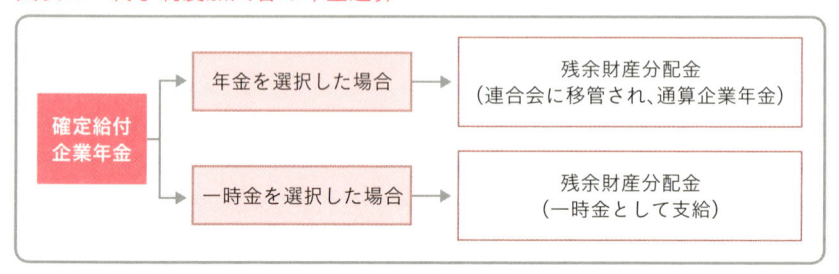

図表48　企業年金連合会の支給開始年齢

生年月日		支給開始年齢					
男　性	女　性	60歳	61歳	62歳	63歳	64歳	65歳
〜1953(昭和28)年4月1日	〜1958(昭和33)年4月1日						
1953(昭和28)年4月2日〜 1955(昭和30)年4月1日	1958(昭和33)年4月2日〜 1960(昭和35)年4月1日						
1955(昭和30)年4月2日〜 1957(昭和32)年4月1日	1960(昭和35)年4月2日〜 1962(昭和37)年4月1日						
1957(昭和32)年4月2日〜 1959(昭和34)年4月1日	1962(昭和37)年4月2日〜 1964(昭和39)年4月1日						
1959(昭和34)年4月2日〜 1961(昭和36)年4月1日	1964(昭和39)年4月2日〜 1966(昭和41)年4月1日						
1961(昭和36)年4月2日〜	1966(昭和41)年4月2日〜						

※厚生年金保険の坑内員・船員特例に該当する方は、女性と同じ支給開始年齢となる。

（注）厚生年金基金加入中または厚生年金基金からの年金を受給中に、加入していた厚生年金基金が解散した方（解散基金加入員）についての連合会老齢年金（代行年金）は、国の老齢厚生年金を受けるようになった時から受給できます。（国の老齢厚生年金が支給停止となっている場合は、国の停止額に応じて連合会の年金も一部又は全額支給停止になる場合があります。）

⑶ 企業年金の窓口

　確定給付企業年金の請求については、加入していた制度によって窓口が異なります（図表49）。

図表49　年金手続き窓口

確定給付企業年金	基金型	企業年金連合会（右記以外）、各企業年金基金（加入期間10〜15年以上）
	規約型	会社
厚生年金基金		企業年金連合会（右記以外）、各企業年金基金（加入期間10〜15年以上）
税制適格退職年金		会社

　なお、企業年金の年金支給開始時期は原則として個々のルールを優先しますが、公的年金の支給開始年齢に合わせていることが多くなっています。

3 確定拠出年金の受取方法

ここがPOINT！ 加入している制度、給付、手続き窓口を把握すること

確定拠出年金とは、企業が拠出した掛金が個人ごとの勘定で区分され、その掛金と個人が拠出した運用収益との合計額が、従業員の老齢期の給付額となる企業年金制度です。

確定拠出年金には、60歳未満の公的年金の加入者が国民年金基金連合会の委託を受けた運営管理機関に申し込み、自分で掛金を拠出して運用収益を将来の給付とする「個人型」もあります。

確定拠出年金は、60歳になると掛金の払込期間が終了します。その後は、原則として60歳から70歳までの間で年金の受給を開始することとなります。

図表50　確定拠出年金の加入者等期間と受給可能年齢

加入者等期間	受給可能年齢
10年以上	60歳から
8年以上10年未満	61歳から
6年以上8年未満	62歳から
4年以上6年未満	63歳から
2年以上4年未満	64歳から
1ヵ月以上2年未満	65歳から

(1) 確定拠出年金の老齢給付

確定拠出年金の老齢給付の受取方法には、年金と一時金の2つの方法があります。

①年金

年金の場合、数年に渡って受け取ります。受け取る年金は雑所得として総

合課税されますが、この際、公的年金等控除の対象となります。

②一時金

　確定拠出年金に限らず、企業年金は一時金で受け取ることが多いと思われます。なぜなら、一時金で受け取ると退職所得扱いとなり、税法上の優遇を受けられるためです（図表51）。

　例えば、10年加入していると、控除額が400万円。もし、500万円の一時金を受け取ると、控除額を差し引いた100万円を2分の1にした金額に税金が課税されます。

　なお、70歳を超えても確定拠出年金の受給の手続きを行っていない場合は、強制的に一時金での受取りとなります。

図表51　確定拠出年金の加入者等期間と受給可能年齢

退職所得は（退職収入－退職所得控除額※）×1／2

勤続年数	退職所得控除額※
20年以下 20年以上	40万円×勤続年数（最低80万円） 70万円×（勤続年数－20年）＋800万円

③年金と一時金の併用

　確定拠出年金は、一部を一時金、残りを年金として受け取ることもできますただし、企業型の場合、規約で別途の定めがある場合があります※。
※企業型の確定拠出年金は、会社によって受取開始時期が別に定められている場合がある。

> 　確定拠出年金は受取開始年齢を遅らせることが可能であったり、運用益に税金がかからないなど、様々なメリットがあります。これらのメリットを最大限に生かした利用を検討するとよいでしょう。

　①から③の受取方法を検討する場合は、税金については専門家、税務署などに確認するのがよいでしょう。なぜなら、税金が増えることで、翌年度の住民税、国民健康保険料、介護保険料などのアップにつながることも予想されるからです。

図表52　確定拠出年金の給付一覧

	老齢給付金	障害給付金	死亡一時金	脱退一時金
給付	5年以上の有期または一時金（規約の規定により一時金や併用の選択可能）	5年以上の有期または一時金（規約の規定により一時金や併用の選択可能）	一時金	一時金
受給要件等	原則60歳到達した場合に受給することができる（60歳時点で確定拠出年金への加入者期間が10年に満たない場合は、支給開始年齢を引き伸ばし）。 8年以上10年未満→61歳 6年以上8年未満→62歳 4年以上6年未満→63歳 2年以上4年未満→64歳 1月以上2年未満→65歳	障害認定日から70歳に達する日の前日までの間、一定以上の障害に該当するときに請求可能（障害基礎年金1、2級程度）。	加入者等が死亡したときにその遺族が資産残高を受給することができる。	一定の要件※を満たした場合に受給することができる。

※脱退一時金の支給には、以下2つのケースがある。

1. 企業型年金を資格喪失した後に企業型記録関連運営管理機関に請求するケース。
　・以下の全ての要件に該当する者
　　(1)企業型年金加入者、企業型年金運用指図者、個人型年金加入者及び個人型年金運用指図者でないこと。
　　(2)資産額が15,000円以下であること。
　　(3)最後に当該企業型年金加入者の資格を喪失してから6ヶ月を経過していないこと。

2. 個人型記録関連運営管理機関又は国民年金基金連合会に請求するケース。
　・以下の全ての要件に該当する者
　　(1)国民年金保険料免除者であること。
　　(2)障害給付金の受給権者でないこと。
　　(3)掛金の通算拠出期間が3年以下であること（退職金等から確定拠出年金へ資産の移換があった場合には、その期間も含む）又は資産額が25万円以下であること。
　　(4)最後に企業型年金加入者又は個人型年金加入者の資格を喪失した日から起算して2年を経過していないこと。
　　(5)上記1. による脱退一時金の支給を受けていないこと。

（出所）厚生労働省ホームページに基づき作成。

> 障害給付金は60歳前からでも受取りが可能です。ただし、「老後のため」という年金の目的を考えれば、運用指図者として運用し、70歳に達するまでに請求することを考えるといいでしょう。

④その他

　原則として60歳以降にしか受け取れない確定拠出年金ですが、以下の通り例外はあります（詳細については図表52参照）。

・政令で定める障害状態となった場合（障害給付）

・本人が亡くなった場合（死亡一時金）

・一定の要件を満たした場合（脱退一時金）

　なお、確定拠出年金の「企業型」の加入者が60歳未満で離転職すると、確定拠出年金の積立金の移管手続きが必要です。6ヵ月以内に移管手続きをしない場合、自動的に国民年金基金連合会に移管されます。自動移管されると加入期間に通算されませんし手数料も発生します。離転職した場合の手続きを忘れないでください。

コラム❿ ｜ カスタマイズできる確定拠出年金

　国民年金や厚生年金保険のような公的年金では考えられない、「自分なりの」カスタマイズができるのが確定拠出年金です。例えば、拠出する掛金を自分で決定できたり、60歳以降も運用を続けたいなど、受け取るかどうかの方針を自分で考えられることができることが確定拠出年金のメリットと言えるでしょう。

　デメリットとしては、運用しても、利益を生まないケースがあるということです。ほとんど運用益が出ない中で管理手数料を取られるため、元本確保型の商品で運用しても元本が減ったりと、会社にお任せの確定給付企業年金では考えられないリスクが出てくる点です。

　老齢の年金が10年の受給資格期間で受け取れるようになったので、公的年金を重要に思わない人がでてくるかもしれません。公的年金をおろそかにしていいかと言われると、決してそうではありません。

　老後資金を考える基本は、公的年金の土台をしっかりと築いてから、確定拠出年金などの上乗せ年金の増額に励むというスタンスがいいでしょう。

コラム⓫ | 確定拠出年金は持ち歩ける！

　確定拠出年金のメリットとして「税の優遇」がよく挙げられますが、持ち運びできるという「ポータビリティ」も忘れてはなりません。確定拠出年金を導入している企業の従業員であれば、離転職の際に転職先に持っていけますし、退職後に開業するなどした時でも、個人型の確定拠出年金に移管できます。この離転職の際に「持ち運べる」という意味で、ポータビリティがあると言われているのです。他の企業年金から確定拠出年金へのポータビリティもあります。

　ただし、ポータビリティには注意点もあります。どこでも持ち歩けるわけではありませんし、手続きをしないでよいわけではありません。例えば、企業年金連合会に移動されている記録（加算部分がない場合）は移せませんし、逆に確定拠出年金から脱退一時金相当額を受けることもできません。下記の表で整理しておきましょう。

　ポータビリティについては、それぞれの制度で細かい要件があることもありますので、必ず、企業もしくは国民企業年金連合会など、各制度の担当者にお問い合わせください。

		移管先			
		確定給付 企業年金	企業型DC	iDeCo	中小企業 退職金共済
移管前	確定給付 企業年金	○	○※1	○	○※3
	企業型DC	○	○	○	○※3
	iDeCo	○	○	－	×
	中小企業 退職金共済	○※2※3	○※2※3	×	○

※1　確定給付企業年金からDCへの移管は、本人の申し出により脱退一時金相当額を移管可能。

※2　中小企業退職金共済に加入している企業が中小企業でなくなった場合、資産の移管が可能。

※3　合併などの場合に限り移管が可能。

第 4 章

それってホント!?
障害年金でよくある誤解

―――――― Introduction ――――――

障害の年金については、わざわざお医者さんから
「受給できますよ」と言われるケースはまれです。
ただ、病気の人が自主的に動くのは困難なことと、
「そんなに重くないのに障害の年金なんて」と
思いこむ方が非常に多いので、請求できるはずなのに
請求していない方が多いのが実情です。
もらい忘れではないですが、該当するようであれば、
そっと背中を押してあげられる知識は持っておきましょう。

1 障害年金を受け取れる人が請求していないことが多い

ここが POINT! 障害年金の対象は、外部障害、精神障害、内部障害

「障害年金」というと、大変重篤な状態でないと給付を受けられない印象があるものですが、実際はというと、障害年金は年金加入中の人が病気やケガによって生活や仕事が制限されるようになった場合に、条件を満たせば請求することができます（図表53）。

障害年金の対象となる病気やケガには、外部障害、精神障害、内部障害などがあり、外見ではわからないような病気（うつ病などの精神疾患や、がん・内臓疾患など）でも対象となるケースがあります。また、「年金」とは縁の遠そうな若い人でも受けることができる場合があります。

そこで、ご本人・ご家族からご病気や手術などのお話をうかがう機会があるときは、障害年金についてアドバイスしてみてはいかがでしょうか。

図表53　障害年金の対象となる主な病気やケガ

外部障害	眼、聴覚、肢体（手足など）、鼻腔機能、そしゃく・嚥下機能、言語機能の障害など
精神障害	統合失調症、うつ病、認知障害、てんかん、知的障害、発達障害など
内部障害	呼吸器疾患、心疾患、腎疾患、肝疾患、血液・造血器疾患、糖尿病、がんなど

障害年金の受給者数は年々増加しており、2014（平成26）年度では約194万人の人が受給しています。そのうち、外部障害は33.6％、内部障害は10.4％、精神障害は54.2％となっています。近年ではうつ病などの精神疾患での請求が多くなっています（年金制度基礎調査「障害年金受給者実態調査」平成26年）。

ここが POINT! 障害者手帳を持っていなくても請求できる

障害年金というと、障害者手帳がないと受けられないと思いがちですが、これも誤解です。

障害年金は「障害認定基準」に該当するかどうかで判断され、これは障害者手帳の認定基準とは違います（障害者手帳のⅠ級が障害年金のⅠ級と同じではありません）。

障害者手帳を持っていなくても障害年金の障害認定基準に該当すれば請求できますし、逆に障害者手帳を持っていても障害年金を受けられないことがある点に注意が必要です。

ここが POINT! 障害年金は20歳以上65歳になるまで（原則）請求できる

障害年金は、原則として、20歳以上65歳になるまでの間に請求できます。つまり、障害年金の対象になる傷病であっても、65歳を過ぎてから発症したような場合は請求できません。

CASE | 精神障害による給付例

専業主婦のA子さんは大好きだった母の死後、ふさぎ込むようになり、そのほかにもつらい事が続き、不眠・頭痛・吐き気などを発症して、ある朝とうとう起き上がれなくなりました。驚いた夫に促され病院で受診したところ、うつ病と診断されました。パートも辞め投薬治療をしていますが、気分が良くて家事ができるのは週に2日くらい。あとはほとんど家で横になっている状態が1年以上続いています。夫は理解がありますが、A子さんは役に立たない自分自身を責め、消えてしまいたいと思う毎日でした。

ある日、状況を知った金融機関の担当者に障害年金の申請を勧められ、年金事務所で相談して申請したところ、障害年金の受給が認定されました。今は月約6.5万円の年金を受給できるようになり、病院のほかにカウンセリングにも通いながら治療を続けています。

2 障害年金の給付の種類

ここが POINT! **障害の重さによって受け取れる年金が異なる**

　障害年金は、おおまかに言うと、国民年金加入中に初診日（94ページ参照）がある場合は「障害基礎年金」、厚生年金保険加入中に初診日がある場合は「障害厚生年金」が上乗せされます。

　障害の重さ（障害等級1級〜3級）によって受け取れる年金が違います（図表54、55、56）。

図表54　障害等級

1級	長期にわたり日常生活は他人のサポートがないとほとんどできない状態
2級	長期にわたり日常生活にある程度他人のサポートが必要で、労働することが困難な状態
3級	労働することはできるが、著しい制限をうける状態

※詳細については【参考資料③】「障害等級表」（128〜129ページ）を参照。

図表55　障害年金の給付の種類

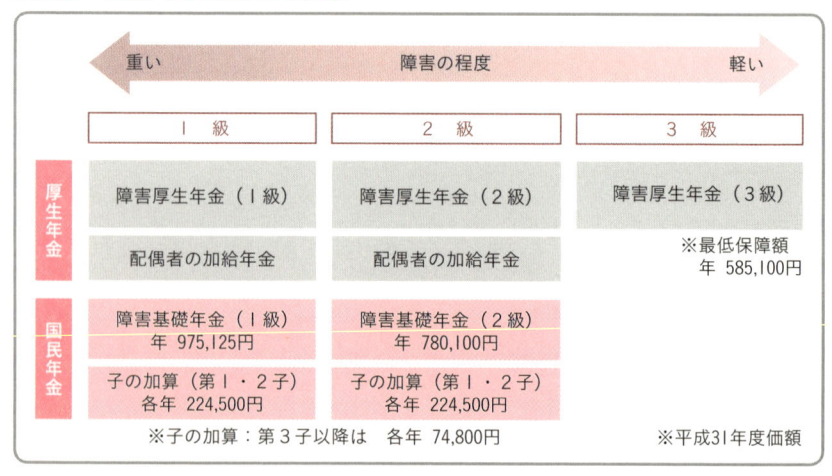

図表56　障害年金の金額（平成31年度）

		障害基礎年金		障害厚生年金
年金額	1級	780,100円×1.25＋子の加算[※1]	1級	報酬比例部分[※2]×1.25＋ 配偶者の加給年金[※3]
	2級	780,100円×1.25＋子の加算[※1]	2級	報酬比例部分[※2]＋ 配偶者の加給年金[※3]
			3級	報酬比例部分[※2] （最低保障 585,100円）

※1　第1子第2子は1人につき224,500円。第3子以降は1人につき74,800円。「子」とは、18歳
　　　年度末の末日までまたは20歳未満で障害等級1、2級にある子で、婚姻していないこと。

※2　報酬比例部分は、加入期間中の報酬および加入期間によって算出する。加入期間が300月未
　　　満の場合は300月として計算する。

※3　配偶者につき224,500円。配偶者は65歳未満であること。

> 　国民年金加入中に初診日がある場合は「障害基礎年金」
> のみですが、厚生年金保険加入中に初診日がある場合は「障
> 害厚生年金」と「障害基礎年金」の両方が受けられます（1、
> 2級のみ）。同じ重さ（障害等級）でも、初診日が厚生年金
> 保険加入中のほうが年金額は多いのです！

ここが POINT!　「初診日」「保険料納付要件」「一定の障害状態」

障害年金を受けるには、下記①②③のすべての条件を満たす必要があります。

条件①　初診日に年金に加入中であること

● 初診日において、国民年金または厚生年金保険に加入中（被保険者で
ある）か、60歳以上65歳未満で日本国内に居住していること[※]

※初診日が65歳以降の場合は、厚生年金保険に加入中でなければ請求できない。

・20歳前傷病による障害年金

　初診日が20歳前であった人（生まれつきの障害など）が、20歳時点で1級
または2級の障害等級に該当するときなどは、障害基礎年金が支給されます。

条件②　保険料の納付要件を満たしていること

（原則）

> 初診日の前日において、初診日の月の前々月までの全被保険者期間のうち、
> 「保険料納付済期間＋保険料免除期間が２／３以上」あること。
> （保険料納付済期間には、厚生（共済）年金加入期間も含む）

（特例）

> 初診日の前日において初診日の月の前々月から直近１年間に
> 保険料の未納がないこと。
> （2026（平成38）年３月31日までの初診日に限る。）

条件③　障害認定日に一定の障害の状態にあること

> ● 障害認定日に障害の状態が１級〜３級に該当すること。または、障害
> 認定日には該当しなくてもその後悪化し、65歳までに障害の状態が１
> 〜３級に該当すること（３級は障害厚生年金のみ）

用語解説「初診日」

障害の原因となった病気やケガについて、初めて医師等の診察を受けた日のこと。

用語解説「障害認定日」

初診日から１年６ヵ月が経過した日、または１年６ヵ月以内にその病気やケガが治癒した（症状が固定した）日のこと。

ここが POINT! 障害年金の対象となる主な病気・ケガの名称

　図表57（96ページ）は障害年金の対象となる主な病気やケガの名称です。傷病別に診断書の種類も８種類あります。

　ただし、障害年金は病名ではなく「症状」で判断されるため、この中の傷病に該当するからといって障害年金が必ず支給されるとは限りません。

　「障害年金を請求するときのために保管しておくとよいもの」は、下記のとおりです。

・**病院の領収書、診察券、おくすり手帳など**

　初診日や病院名の確認のために必要です。古い日付順にクリアホルダー等に保存しましょう。

・**「病気の記録」をつけておく**

　障害年金の手続き時に「申立書」を書くために必要です。病院に行った日時、病院名、医師名、診察や処置の内容を日記のように書いておきましょう。

・**障害者手帳、療育手帳など**

　審査の材料になりますので、持っている場合は必ずコピーを提出することになります。

> **「診断書」は、日本年金機構の指定の診断書でなければ無効になるので、先走って病院から入手しないこと！　年金事務所や街角の年金相談センターで、必要な診断書を判断してもらってから医師に依頼します。**

図表57　診断書の種類と主な傷病名

	診断書の種類	主な病気・ケガの名称
1	眼の障害	白内障、緑内障、ブドウ膜炎、眼球萎縮、癒着性角膜白斑、網膜脈絡膜萎縮、網膜色素変性症、糖尿病性網膜症など
2	聴覚、鼻腔機能、平衡機能、そしゃく・嚥下機能、言語機能の障害	メニエール病、感音性難聴、突発性難聴、頭部外傷または音響外傷による内耳障害、薬物中毒による内耳障害、外傷性鼻科疾患、咽頭摘出術後遺症、上下顎欠損など
3	肢体の障害	上肢又は下肢の離断又は切断障害、上肢又は下肢の外傷性運動障害、脳血管障害（脳梗塞、脳軟化症等）、重症筋無力症、関節リウマチ、ビュルガー病、脊髄損傷、進行性筋ジストロフィー、多発性硬化症、パーキンソン病、変形性股関節症、線維筋痛症、脳脊髄液減少症など
4	精神の障害	老年および初老期認知症、その他の老年性精神病、脳動脈硬化症に伴う精神病、アルコール精神病、頭蓋内感染に伴う精神病、統合失調症、うつ病、躁うつ病（双極性障害）、てんかん性精神病、精神発達遅滞、アスペルガー症候群、広汎性発達障害、高次脳機能障害、若年性アルツハイマー、知的障害など
5	呼吸器疾患の障害	肺結核、じん肺、気管支喘息、慢性気管支炎、膿胸、肺線維症など
6	循環器疾患の障害	慢性心包炎、リウマチ性心包炎、慢性虚血性心疾患、冠状動脈硬化症、狭心症、僧帽弁閉鎖不全症、大動脈弁狭窄症、心筋梗塞、完全房室ブロック、拡張型心筋症、悪性高血圧、高血圧性心疾患、人工ペースメーカー、人工弁、または植込み型除細動器（ICD）の装着など
7	腎疾患・肝疾患、糖尿病の障害	慢性腎炎、ネフローゼ症候群、慢性糸球体腎炎、慢性腎不全、肝硬変、多発性肝腫瘍、肝ガン、慢性肝炎、糖尿病など
8	血液・造血器・その他の障害	悪性新生物（ガン）、人工肛門・新膀胱の造設、尿路変更術、遷延性植物状態など

ここが POINT!　「障害認定日」には特例がある

「障害認定日」には特例があります。初診日から1年6ヵ月経過した日が障害認定日ですが、1年6ヵ月以内に図表58に掲げる状態になった場合は、その日が障害認定日となります。つまり、1年6ヵ月経たなくても請求することができます。

図表58　障害認定日の特例

障害	施術	障害認定日	障害等級の目安
聴覚等	喉頭全摘出	喉頭全摘出日	2級
肢体	人工骨頭、人工関節を挿入置換	挿入置換日	上肢3大関節又は下肢3大関節に挿入置換した場合、原則3級
	切断または離断による肢体の障害	切断または離断日	1級〜3級（部位により等級を決める）
呼吸	在宅酸素療法	開始日	3級（常時使用の場合）
循環器（心臓）	人工弁、心臓ペースメーカー、植込み型除細動器（ICD）	装着日	3級
	心臓移植、人工心臓、補助人工心臓	移植日または装着日	1級（術後の経緯で等級の見直しあり）
	胸部大動脈解離や胸部大動脈瘤により人工血管（ステントグラフトも含む）を挿入置換	挿入置換日	3級（条件あり）
腎臓	人工透析療法	透析開始日から起算して3ヵ月経過日	2級
その他	人工肛門、尿路変更術	造設、または手術日から起算して6ヵ月経過日	3級
	新膀胱造設	造設日	3級
	遷延性植物状態	その状態に至った日から起算して3ヵ月経過日以降	1級（診断基準を満たした場合）

ここがPOINT!　障害年金の請求日は「認定日請求」か「事後重症請求」

　障害年金を請求するタイミングは、①認定日請求と②事後重症請求の二つがあります。

①認定日請求

　障害認定日（初診日から1年6ヵ月経過した日、またはその前に症状が固定した日）に障害の状態に該当すれば、認定日の翌月分から障害年金が受けられます（図表59）。

図表59　認定日請求

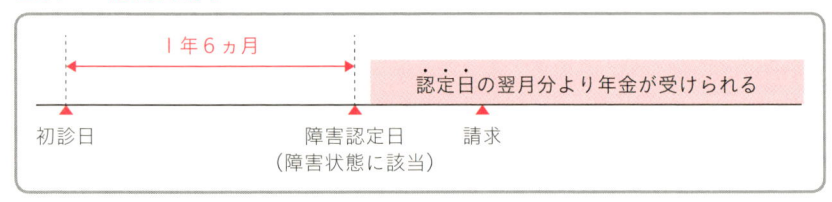

②事後重症請求

　障害認定日には病状が軽くて障害等級に該当しないことがあります。その場合でも、その後病状が悪化して、障害の状態に該当すれば、その時点から障害年金が受けられます（ただし、65歳までに請求すること）（図表60）。

図表60　事後重症請求

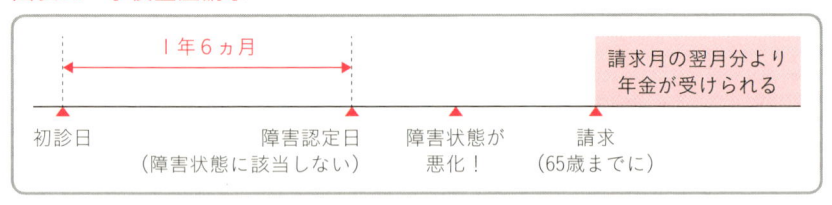

　事後重症請求の場合は、請求月の翌月分から障害年金が支給されます。請求が遅れると支給時期も遅れていきますので、障害等級に該当した場合はすみやかに請求手続きを行うことが重要です。

　このほか、障害年金の対象として以前からあった傷病に新しい傷病が加わることで、初めて2級以上の障害の状態に該当した場合も請求できます。

　障害年金は①初診日要件、②保険料納付要件、③障害等級の要件を完全に満たし、必要な書類がすべて揃わないと受給できません。特に②保険料納付要件は厳しく、障害状態が重くても、保険料納付期間が足りず請求できないケースがあります。必ず受給できるとは限りませんので、お客さまへの声掛けは慎重に行いましょう。

3 障害年金でよくある誤解や知っておきたいこと

ここが POINT! **障害年金は働いていても受けられる**

「私は障害があるけど、働ける状態だから障害年金はもらえない!?」と思い込んでいる人がいますが、これは誤解です。

例えば、人工透析患者で障害厚生年金2級を受給している人が、透析のための早退・休暇を認めてもらうなど職場の理解もあり、働きながら障害年金を受けているといった例があります。

障害年金は「障害の状態（等級）」が基準に該当していれば、収入があっても（働いていても）受けられます。（ただし、次ページの「20歳前障害」の障害年金には所得制限あり）。

ここが POINT! **障害年金にも家族の加算がある**

障害年金の受給者に生計を維持されている「配偶者」や「子」がいる場合は、下記の加算があります。

◇**障害厚生年金…配偶者[※]の加給年金（224,500円）**
※65歳未満の配偶者であること

◇**障害基礎年金…子[※]の加算（1、2人目の子[※]224,500円／人、3人目以降の子[※]74,800円／人）**
※18歳年度末の末日まで。または20歳未満で障害等級1、2級にある子で、婚姻していないこと。

ここが POINT! **勤務先には知られずに障害年金を受けることができる**

障害年金は本人（または代理人）が請求し、本人に直接支払われるもので、勤務先の会社に伝える必要はありません。厚生年金保険加入中の発病で障害

厚生年金を請求する場合でも、会社の承認は不要です。

　したがって、障害年金を受けていることは、本人が話さない限り、会社や他人に知られることはありません。

ここがPOINT! 20歳前の病気や生まれつきの障害も対象になることがある

　障害年金は、本来は初診日に一定の保険料を納めていないと受ける権利がありません。

　しかし、生まれつきの障害をもっている人や学生時代のケガが原因で障害状態になってしまった人など「20歳前」に初診日がある人は、初診日の時点で年金の保険料を納めていません（無拠出）。そういった方でも20歳以降に障害等級に該当すれば受けられるのが、「20歳前障害」の障害年金です（図表61）。

　この年金は無拠出年金のため、保険料納付要件は問われません。

　ただし、本人の年間所得が360.4万円以上あると年金の半額（または全額）を支給停止するなどの所得制限があります。

図表61　20歳前に初診日がある障害年金のケース

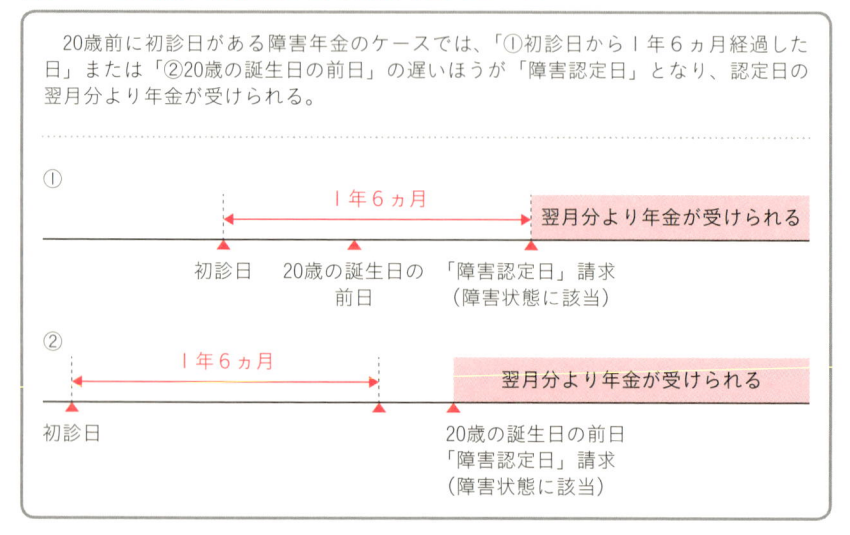

> 　20歳前に初診日がある障害年金のケースでは、「①初診日から１年６ヵ月経過した日」または「②20歳の誕生日の前日」の遅いほうが「障害認定日」となり、認定日の翌月分より年金が受けられる。
>
> ①
> 　　　　　　　　　　１年６ヵ月　　　　　　翌月分より年金が受けられる
>
> 　初診日　　20歳の誕生日の　　「障害認定日」請求
> 　　　　　　前日　　　　　　（障害状態に該当）
>
> ②
> 　　１年６ヵ月　　　　　　　翌月分より年金が受けられる
>
> 初診日　　　　　　　　20歳の誕生日の前日
> 　　　　　　　　　　　「障害認定日」請求
> 　　　　　　　　　　　（障害状態に該当）

📝 ここが POINT! 障害年金は賃金が高くても減額されない

老齢年金には、厚生年金保険に加入中に受け取ると、賃金の一部（または全部）が支給停止されるという「在職老齢年金」の仕組みがありますが、障害年金にはその仕組みが適用されず、賃金が高くても障害年金は全額支給されます。

したがって、老齢年金と障害年金の両方の受給権がある人で、老齢年金が賃金によって支給停止になってしまう場合には、障害年金を選択するほうが有利となります。

📝 ここが POINT! 同じ障害に対して他の給付があると調整される

障害年金は、同じ障害に対して、下記①〜③に掲げる他の給付があると調整される点に注意が必要です。

①傷病手当金との調整

健康保険に加入している人は、病気やケガで休業する場合、健康保険から賃金の２／３を補填する傷病手当金が受けられることがあります。

同じ傷病に対して障害年金と傷病手当金の支給が受けられる場合には、障害年金が優先支給され、傷病手当金が障害年金よりも高額の場合はその差額が支給されます。

傷病手当金＞障害年金　のとき、傷病手当金は差額支給

②労災保険との調整

仕事中のケガなどが原因で障害が残った場合、労災保険から給付が受けられることがあります。また、その障害について要件を満たせば障害年金も受けられます。このように、同じ傷病に対して障害年金と労災保険の支給が受けられる場合には、障害年金は全額支給され、労災保険は88％〜73％の減額支給となります。

③損害賠償金との調整

交通事故などで加害者から損害賠償金が支払われる場合、障害年金は最長36ヵ月の支給調整（一部停止など）があります。

4 他の年金が支給される場合の調整の仕組み

ここがPOINT! **障害年金と老齢年金、遺族年金は支給調整される**

障害年金を受けている人が老齢年金を受ける年齢になったり、遺族年金の支給事由に該当した場合は、それぞれ年金額が支給調整される場合があることに注意が必要です。

【CASE①】障害年金を受けている人が老齢年金を受ける年齢になったら…

65歳前は、支給事由の違う年金はいずれか一つを選択しますので、有利なほうを選択します（図表62）。

65歳以降は、下記の組み合わせのうちいずれか一つ（一番有利なもの）を選択できます（図表63）。障害基礎年金は老齢基礎年金よりも高いケースが多いので、しっかり見比べることが必要です。

図表62　障害年金と老齢年金の調整

図表63　65歳以降の年金の選択

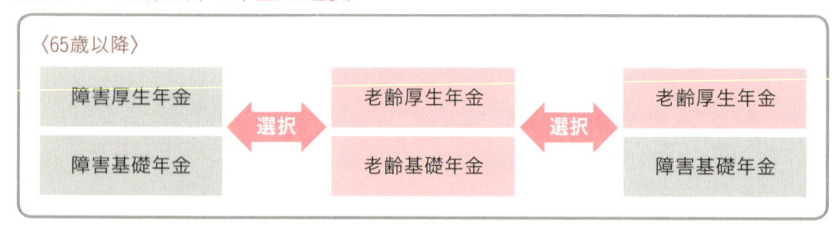

　老齢年金は一定以上の金額になると所得税が課税されますが、障害年金と遺族年金は「非課税」です。
　一見、老齢年金のほうが高くても、所得税を引かれると非課税の障害年金のほうが高額になる場合があります。年金を選択するに当たっては、課税後の金額で比較することも重要です。

【CASE②】障害年金を受けている人が遺族年金を受けるようになったら…

　65歳前は障害年金か遺族年金（か60歳台前半の老齢年金）のいずれかを選択しますが、65歳以降は、下記の組み合わせのうちいずれか一つ（一番有利なもの）を選択できます（図表64）。

　障害年金を受けている女性が、夫の死亡により遺族厚生年金が受けられる場合、夫の遺族厚生年金が自分の障害厚生年金や老齢厚生年金よりも高いケースが多いので、その場合、障害基礎年金と遺族厚生年金の組み合わせがもっとも有利になります（右端のケース）。

図表64　障害年金と遺族年金の調整

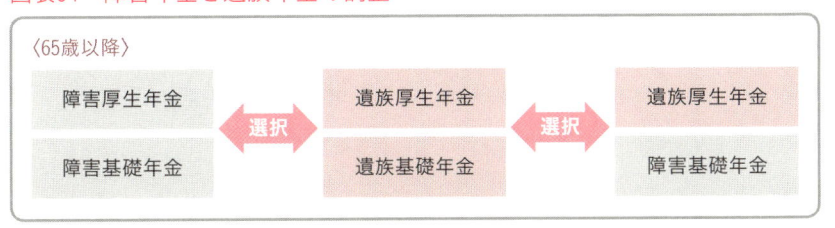

　障害年金を受けている人は、「遺族年金や老齢年金を受けられるようになったとき」または「65歳時」に、有利なほうを選択できます。

　選択しないでそのままにしている人が多く見受けられますので、該当するお客さまには、ご自分がきちんと有利選択をしているか、年金事務所等で確認することをおすすめしましょう。年金事務所では金額を示しながら有利な選択方法の相談にのってくれます。

年金事務所では、次のことを教えてもらえます！
・受けられる老齢年金・障害年金・遺族年金の年金見込額
・それぞれの年金の選択の方法・時期

障害年金の請求には、医師の診断書（日本年金機構の指定様式）や病歴・就労状況の申立書（本人記載）など様々な書類が必要です（図表65）。また、病歴や身体の症状などデリケートな内容の記載が必要で、書類にも正確性を求められるため、金融機関の職員が代理で手続きするには限界があります。

制度の仕組みやもらい忘れ、選択し忘れなどをアドバイスするにとどめ、請求手続きはお客さまご自身（またはご家族、社会保険労務士などの専門家）にお任せするほうがよいでしょう。

図表65　診断書、病歴・就労状況等申立書の書式例

●年金請求に使用する診断書・関係書類
（肢体の障害用）

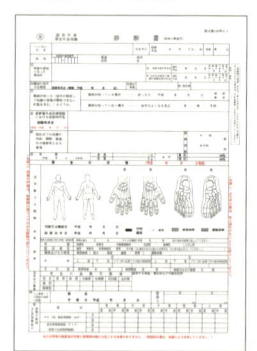

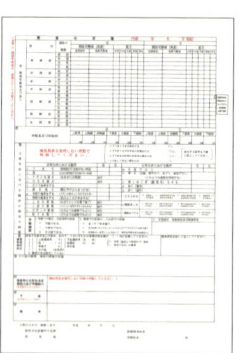

※障害別に使用する診断書が用意されています。

●病歴・就労状況等申立書

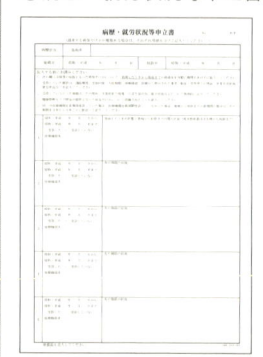

（出所）日本年金機構ホームページ

第**5**章

それってホント!?
遺族年金でよくある誤解

—— Introduction ——

遺族年金は改正が行われ、父子家庭が受け取れる
ようになったり、老齢厚生年金の受給権者でも
25年の期間が無ければ遺族厚生年金には
結び付かなかったりと、一般のお客様にはとても
難しく感じる制度です。本章では、
遺族年金の一般的なケースについて紹介します。
どんな方でも、家族が亡くなったら、年金事務所または
街角の年金相談センターに死亡の報告と
手続きに行くよう、お声かけすることが大切です。

1 遺族年金の種類と組み合わせ

✎ ここが POINT! 生計を維持されていた遺族が受け取る遺族年金

　遺族年金は、国民年金または厚生年金保険の被保険者や被保険者であった方が亡くなったときに、その方に生計を維持されていた遺族が受けられる年金です。

　遺族年金には、厚生年金保険から支給される「遺族厚生年金」、国民年金から支給される「遺族基礎年金」があり、主な組み合わせは図表66のとおりです。このほか、国民年金の独自給付として「寡婦年金」「死亡一時金」があります。

図表66　遺族年金の給付と組み合わせ

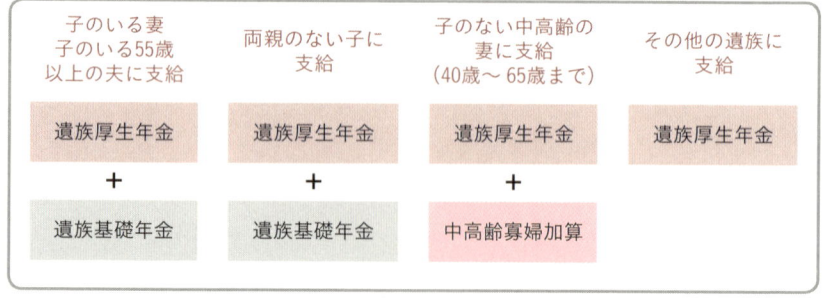

子のいる妻 子のいる55歳 以上の夫に支給	両親のない子に 支給	子のない中高齢の 妻に支給 （40歳～65歳まで）	その他の遺族に 支給
遺族厚生年金	遺族厚生年金	遺族厚生年金	遺族厚生年金
＋	＋	＋	
遺族基礎年金	遺族基礎年金	中高齢寡婦加算	

※「子」とは、18歳到達年度の末日まで、または20歳未満で障害等級1、2級の状態にある子で、婚姻していない者をいう。

2 どんな人に遺族年金が支給される？

ここが **POINT!** **遺族年金の給付の種類と受給要件**

　ご家族が亡くなり、当然受けられると思っていたのに受けられなかったり、その逆だったり、いろいろなケースがあります。もらい忘れを防ぐには、どんな人が受けられるのかを確認しておきましょう。

　遺族年金を受けるには、死亡した人の要件、遺族の要件、保険料納付要件などがあります。以下、遺族年金の種類ごとに見ていきましょう。

(1) 遺族厚生年金

　遺族厚生年金は、厚生年金保険に加入している、または加入していたことがある人が亡くなり、その人に生計を維持されていた遺族に支給されます（図表67）。

> 遺族厚生年金と遺族基礎年金では、受けられる遺族が異なることに注意しましょう。

図表67　遺族厚生年金の概要

死亡した方について	①現役会社員の死亡	厚生年金保険の被保険者が死亡したとき。
	②退職後の死亡	厚生年金保険の被保険者期間中に初診日がある傷病によって初診日から5年以内に死亡したとき。
	③障害厚生年金を受けている人の死亡	1級または2級の障害厚生年金を受けている人が死亡したとき。
	④老齢厚生年金を受けている人、または受給資格期間がある人の死亡	原則25年以上の受給資格期間がある老齢厚生年金を受けていた人、または受給権があった人が受けずに死亡したとき。

保険料の納付について	・死亡した方が上記①、②の場合、次の（原則）か（特例）のどちらかを満たす必要がある。 （原則） 死亡日の前日において、死亡月の前々月までの全被保険者期間のうち、保険料納付済期間＋保険料免除期間⇒2／3以上あること。 （保険料納付済期間には厚生（共済）年金加入期間も含む） （特例）　　　　　　　　または 死亡日の前日において死亡月の前々月から直近1年間に保険料の未納がないこと。 （ただし65歳未満の死亡、2026（平成38）年3月31日までの死亡に限る。）

遺族の範囲	・死亡した方が生計を維持※していた、下記の遺族が受けられる。受給には優先順位があり、先順位者がいる場合、後順位者は受け取れない（転給はない）。 第1順位：**配偶者・子**、第2順位：**父母**、第3順位：**孫**、第4順位：**祖父母** 〈年齢要件〉 ・妻…………………なし。ただし30歳未満の「子のない妻」の場合は5年間の有期支給。 ・夫…………………55歳以上であること（支給は60歳から）。ただし遺族基礎年金を受けられる「子のある夫」のときは60歳未満でも支給。 ・子、孫…………18歳到達年度の末日まで、または20歳未満で障害等級1、2級の状態にある子・孫で婚姻していないもの。 ・父母・祖父母…55歳以上であること（支給は60歳から）。

年金額	報酬比例部分※×3／4 ※報酬比例部分は、加入期間中の報酬および加入月数によって算出する。 ・死亡した方についての①②③に該当し、被保険者期間が300月未満の場合は300月として計算する。

※生計維持の基準…死亡した当時、その方と生計を同じくし、年収850万円（所得655.5万円）であること。

㋐ 中高齢寡婦加算

　次のいずれかに該当する妻が受け取る遺族厚生年金には、40歳から65歳になるまで「中高齢寡婦加算」が加算されます。

> ・夫死亡時に妻が40歳以上65歳未満で、生計を同じくする子がいない場合
> ・夫死亡時に妻が40歳未満で、遺族厚生年金と遺族基礎年金を受けていたが、子が18歳年度末の末日（障害のある場合は20歳）に達したため遺族基礎年金が受けられなくなった場合

　なお、「死亡した方について」の④の方の場合は、厚生年金保険の加入年数が20年以上ある場合に限ります。
　中高齢寡婦加算の金額は、年間585,100円です（平成31年度価額）。

㋑ 経過的寡婦加算

　妻が65歳になると中高齢寡婦加算はなくなります。その代わりに、妻の生年月日に応じた「経過的寡婦加算」が加算されます（図表68）。ただし、1956（昭和31）年4月2日以降生まれの妻には加算されません。

図表68　中高齢寡婦加算と経過的寡婦加算の例

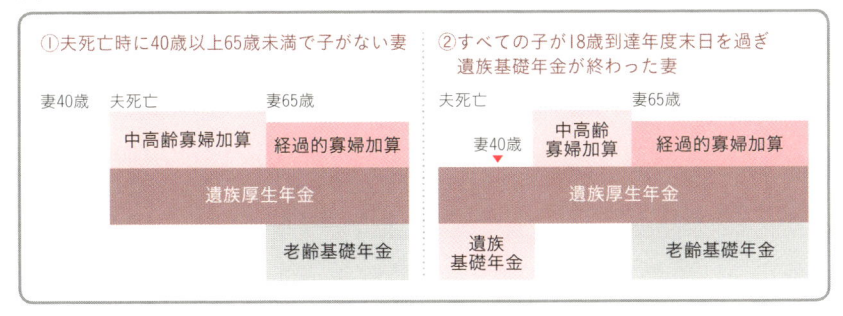

(2) 遺族基礎年金

　国民年金に加入している、または加入していたことがある人が亡くなり、図表69の条件に当てはまるときに支給されます。

図表69　遺族基礎年金の概要

<table>
<tr><td rowspan="4">死亡した方について</td><td>①現役加入者の死亡</td><td>国民年金の被保険者が死亡したとき。</td></tr>
<tr><td>②60歳以上65歳未満の人の死亡</td><td>国民年金の被保険者であって、日本国内に住所を有している60歳以上65歳未満の人が死亡したとき。</td></tr>
<tr><td>③老齢基礎年金を受けている人、または受給資格期間がある人の死亡</td><td>原則25年以上の受給資格期間がある老齢基礎年金を受けていた、または受給権があったのに受けずに死亡したとき。</td></tr>
<tr><td>④老齢厚生年金を受けている人、または受給資格期間がある人の死亡</td><td>原則25年以上の受給資格期間がある老齢厚生年金を受けていた人、または受給権があった人が受けずに死亡したとき。</td></tr>
</table>

保険料の納付について	・死亡した方が上記①、②の場合、次の(原則)か(特例)のどちらかを満たす必要がある。 （原則） **死亡日の前日において死亡月の前々月までの全被保険者期間のうち 保険料納付済期間＋保険料免除期間⇒2／3以上あること （保険料納付済期間には厚生（共済）年金加入期間も含む）** （特例）　　　　　　　　または **死亡日の前日において死亡月の前々月から直近1年間に 保険料の未納がないこと （ただし65歳未満の死亡、2026（平成38）年3月31日までの死亡に限る。）**

遺族の範囲	死亡した方が生計を維持※していた、「**子のある配偶者**」または「**子**」が受けられる。 〈年齢要件〉 ・子…18歳到達年度の末日まで、または20歳未満で障害等級1、2級の状態にある子で婚姻していないこと。

死亡した方について／保険料の納付について／遺族の範囲／年金額

年金額

・子のある配偶者が受けるとき
780,100円＋ 子の加算額 　子のある妻（または夫）に支給

子 の 人 数	1人	基 本 額	780,100円	加 算 額	224,500円	合 計	1,004,600円
	2人		780,100円		449,000円		1,229,100円
	3人		780,100円		523,800円		1,303,900円

・子が受けるとき（合計額を子の人数で割った額が一人当たりの金額になる）
780,100円＋ 2人目以降の子の加算額 　子に支給

子 の 人 数	1人	基 本 額	780,100円	加 算 額	―	合 計	780,100円
	2人		780,100円		224,500円		1,004,600円
	3人		780,100円		299,300円		1,079,400円

※1人目および2人目の子の加算額…224,500円
　3人目以降の子の加算額……………　74,800円
※子の遺族基礎年金は、生計同一の父または母がいる場合は支給停止となる。

※生計維持の基準…死亡した当時、その方と生計を同じくし、年収850万円（所得655.5万円）であること。

遺族基礎年金は従来、「子のある妻」か「子」のみに支給されていましたが、法改正により、2014（平成26）年4月から遺族基礎年金が「子のある夫」にも支給されることになりました（生計維持の基準を満たす場合）。

また、遺族基礎年金は「子のある妻（または夫）」「子」とも受給権はありますが、「子」に支給される遺族基礎年金は、生計を同じくする母（または父）がいる場合、支給停止となります。つまり、妻（夫）と子が同時に受取ることはできません。

㋐寡婦年金

寡婦年金は国民年金の第1号被保険者（任意加入を含む）として保険料の納付済期間と免除期間を合わせて10年以上ある夫が、老齢基礎年金や障害基礎年金を受け取らずに亡くなった場合、下記の妻に60歳～65歳になるまで支給されます。

■寡婦年金を受けられる妻

・夫によって生計を維持され、かつ10年以上継続した婚姻（事実婚も含む）期間があったこと。
・老齢基礎年金を繰上げ受給していないこと。

■寡婦年金の金額

夫が受けとるはずだった老齢基礎年金の4分の3の金額です。

■寡婦年金の注意点

・夫が障害基礎年金を受けていると寡婦年金は受けられません。
・夫婦どちらかが老齢基礎年金を繰上げ受給していると寡婦年金は受けられません。
・妻が他の年金(例:遺族厚生年金など)を受けられる場合は選択となります。
・遺族基礎年金を受けたことがある場合でも寡婦年金を受けることができます。
・寡婦年金と死亡一時金の両方を受けられる場合、どちらかを選択します。

㋑死亡一時金

死亡一時金は、国民年金の第1号被保険者（任意加入を含む）として保険料の納付済期間が3年（36月）以上ある人が、老齢基礎年金や障害基礎年金を受け取らずに亡くなった場合、次項の遺族に支給されます。

■死亡一時金を受けられる遺族

・死亡した人と生計を同一にしていた、配偶者、子、父母、孫、祖父母、兄弟姉妹、の順です。

■死亡一時金の金額

・保険料の納付月数に応じて下記の金額が受け取れます。

・なお、定額納付した月は1月、1／4納付した月は1／4月、半額納付した月は1／2月、3／4納付した月は3／4月、全額免除の月は0月とします（図表70）。

■死亡一時金の注意点

・死亡した人が老齢基礎年金・障害基礎年金を受けていると死亡一時金は受けられません。

・遺族基礎年金を受けられるときは遺族基礎年金が優先支給となり、死亡一時金は受けられません。

・寡婦年金と死亡一時金の両方を受けられる場合、どちらかを選択します。

・死亡一時金は死亡時から2年を経過すると請求できません。

図表70　死亡一時金の金額

保険料納付月数	金額
36月以上180月未満	120,000円
180月以上240月未満	145,000円
240月以上300月未満	170,000円
300月以上360月未満	220,000円
360月以上420月未満	270,000円
420月以上	320,000円

※付加保険料を36月以上納めている場合は8,500円加算される。

寡婦年金と死亡一時金は、老齢基礎年金や障害基礎年金を受けたことがある人が亡くなった場合は支給されません（繰上げ受給も含む）。寡婦年金は、妻が自身の老齢基礎年金を繰上げ受給していた場合も受けられません。

3 遺族年金が受け取れる基本的なパターン

ここが POINT! **遺族年金受給の基本パターンを理解する**

遺族年金が受け取れる基本的なパターンについて、以下、3つの具体例で紹介することにします。

CASE1 | 年金受給者の死亡

A男さんは、36年間企業にお勤めしたのち退職し、老齢厚生年金と老齢基礎年金を受給中です。妻B子さん（1954（昭和29）年生まれ、64歳）は若いころ5年ほど厚生年金保険に加入していましたが、結婚後は専業主婦をしています。2人の子どもたちはすでに成人しており、A男さんの母（89歳）と3人暮らしです。いまA男さんが死亡した場合の遺族年金はどうなるでしょうか？

. . . .

- A男さんは「年金受給者の死亡」にあたるため、保険料納付要件は必要なく、遺族厚生年金が発生します。
- B子さんは40歳以上65歳未満の「子のない妻」ですので、「遺族厚生年金＋中高齢寡婦加算」を受給できます。
- 65歳になると、中高齢寡婦加算はなくなり経過的寡婦加算になります。
- A男さんの母は、先順位者（妻）がいるため、遺族厚生年金は受けられません。

CASE2 | 現役会社員の死亡

C男さん（45歳）は22歳からずっと企業にお勤めしていましたが、45歳の時に、くも膜下出血で突然亡くなりました。妻D子さん（1979（昭和54）年生まれ、40歳）と子2人（13歳と8歳）が残されました。D子さんも会社員で年収は360万円です。遺族年金は受けられるでしょうか？

. . . .

- C男さんは「現役会社員の死亡」であり、20歳～45歳までの全被保険者期間25年のうち、厚生年金保険の加入期間が23年あり、2／3以上あるため、原則の保険料納付要件を満たします。
- D子さんは「子のある妻」ですので、「遺族基礎年金（子の加算あり）」＋「遺族厚生年金」を受給できます。年収は850万円未満なので、生計維持関係が

あるといえます。

・「遺族基礎年金（子の加算あり）」は下の子が18歳年度末の末日に達するまで支給され、そのあとは遺族厚生年金に「中高齢寡婦加算」が65歳になるまで加算されます。D子さんは生年月日から「経過的寡婦加算」は支給されません。

CASE3 | 自営業の夫の死亡

E男さんは家業の農家を継いで20歳からずっと国民年金を納めていましたが、41歳の時に心筋梗塞で突然亡くなりました。結婚歴18年の妻F子さん（40歳）と子2人（15歳と10歳）が残されました。F子さんは「夫は年金を25年納めないうちに亡くなったから遺族年金がもらえないのでは…?」と心配しています。遺族年金は受けられるでしょうか?

・E男さんは「国民年金の現役加入者の死亡」であり、20歳〜41歳までの被保険者期間21年のうち保険料納付済期間が21年あり2／3以上あるため、保険料納付要件を満たしています。

・F子さんは「子のある妻」ですので、「遺族基礎年金（子の加算あり）」を下の子が18歳年度末の末日に達するまで受給できます。

・また、D子さんは「寡婦年金」の受給要件も満たすため、60歳から65歳になるまで寡婦年金も支給されます。

・遺族基礎年金の受給権があるため、死亡一時金は受け取れません。

遺族年金は、原則25年以上の受給資格期間がある人の死亡でないと受けられません。
　CASE 2 とCASE 3 は、国民年金や厚生年金保険の「現役加入者の死亡」で、保険料納付要件も満たしたため、25年に満たなくても受け取ることができました。

4 遺族年金を受け取れない よくあるパターン

ここが
POINT! **遺族年金を受け取れない基本パターンを理解する**

ここでは、残念ながら遺族年金が受け取れない典型的なパターンについて、
4つの具体例で説明します。ケースごとに受け取れない理由について、確認
してください。

CASE1 | 保険料納付要件を満たさない場合

G男さんは20代のころ4年間、企業にお勤めして厚生年金保険に加入してい
ましたが、25歳で独立して念願のレストランを開業しました。国民年金は当初
5年は納めていましたが、その後は経営が苦しくなりずっと滞納していました。
そんなG男さんが45歳の時に突然亡くなり、一緒に頑張ってきた妻H子さん（40
歳）と子2人（12歳と5歳）が残されました。H子さんは遺族年金を受けられ
るでしょうか？

- G男さんは保険料滞納中であっても「国民年金の現役加入者の死亡」であり、
  保険料納付要件が必要です。
- 20歳～45歳までの被保険者期間25年のうち、保険料納付済期間が9年しか
  なく、原則の2／3を満たしていません。
- 特例の「直近1年間に未納がない」にも該当しないため、遺族厚生年金、遺族
  基礎年金ともに発生しません。
- 国民年金の第1号被保険者として保険料を5年しか納めていないため、寡婦年
  金も支給されません。
- 死亡一時金のみ、3年以上保険料を納付しているため受け取れます。

> もし、直近1年間できちんと国民年金保険料を納めてい
> れば、「特例」の保険料納付要件を満たすため、妻H子さん
> は遺族基礎年金（子の加算あり）を受けることができました。

CASE2 │ 遺族に該当しない場合

　自営業のＩ男さんは国民年金保険料を35年間納付し、老齢基礎年金のみを受給していましたが、78歳で持病が悪化して亡くなりました。残されたのは妻のＪ子さん（73歳）と息子たち（成人）です。遺族年金はどうなるでしょうか？

・Ｉ男さんは厚生年金保険に加入したことがないため、遺族厚生年金は支給されません。
・遺族基礎年金は「子のある妻」または「子」にしか支給されないため、遺族基礎年金も支給されません。
・受け取る遺族がいない場合は、遺族年金は支給されません（死亡一時金や寡婦年金はＩ男さんがすでに老齢基礎年金を受け取っているため、支給されません）。

CASE3 │「生計維持要件」を満たさない場合

　Ｋ男さん（65歳）は若いころから会社を経営しており、現役（厚生年金保険加入）で働いています。老齢厚生年金の受給権はありますが、報酬が高いため全額停止になっています。妻Ｌ子さん（58歳）も会社の役員になっていて、年1,200万円の役員報酬を受け取っています。一人娘はすでに結婚して家を出ています。もしＫ男さんが死亡した場合の遺族年金はどうなるでしょうか？

・Ｋ男さんは「老齢厚生年金の受給権者」にあたるため、死亡すると遺族厚生年金が発生します（同時に「現役会社員の死亡」にもあたります。この場合は保険料の納付要件が必要ですが、Ｋ男さんは満たしているものとします）。
・妻Ｌ子さんは「妻」ではありますが、年収が850万円を超えているため生計維持関係があるとは認められず、遺族厚生年金を受けることはできません。

> 遺族の年収は850万円未満でないと、遺族厚生年金はもらえません！

CASE4 | 夫の遺族厚生年金よりも妻の老齢厚生年金が多い場合

M男さん（73歳）とN子さん（68歳）はともに年金受給者です。M男さんは自営業が長く、15年加入した厚生年金（報酬比例部分）は約40万円、N子さんは長い間会社員をしていたため、自身の厚生年金（報酬比例部分）は約60万円あります。N子さんは遺族年金を受けられるでしょうか？

・M男さんが亡くなると、報酬比例部分の3／4の遺族厚生年金（30万円）が発生します。N子さんは65歳以上なので、まず自分の老齢基礎年金と老齢厚生年金を優先して受け取ります。
・遺族厚生年金は「⑦遺族厚生年金」「⑦遺族厚生年金の2／3＋妻の老齢厚生年金の1／2」の多いほうから、Y子さんの老齢厚生年金を差し引いた差額支給となります。
　⑦遺族厚生年金…30万円
　⑦遺族厚生年金の2／3＋妻の老齢厚生年金の1／2
　　＝30万円×2／3＋60万円×1／2＝50万円
・⑦の50万円はY子さんの老齢厚生年金（60万円）よりも少ないため、実際には遺族厚生年金は受け取れないことになります。

65歳以降の妻は、自分の厚生年金を優先的に受給し、遺族年金はそれより多い場合のみ差額支給となります！

5 遺族年金が受け取れないと 思い込んでいたが受け取れるパターン

✎ ここが POINT! もらい忘れの遺族年金の具体例

ここでは、受け取れないと思い込んでいた遺族年金について、実は受け取ることができたという例について紹介します。いずれも、もらい忘れの遺族年金ですので、該当するケースがあれば積極的にアドバイスしましょう。

CASE1 | 自営業歴が長い夫でも厚生年金保険の加入期間が少しでもあれば遺族厚生年金が支給される

R男さんは20代のころ3年間だけ企業にお勤めして厚生年金保険に加入していましたが、25歳で家業の農業を継いでからはずっと国民年金を納めてきました。そんなR男さんが50歳の時に突然亡くなり、一緒に頑張ってきた妻S子さん（48歳）と子2人（20歳と15歳）が残されました。S子さんは「私は農家の妻だから遺族基礎年金しか受けられない」と言っていましたが…。

・R男さんは50歳の時点で厚生年金保険と国民年金の保険料納付済月数が28年あります。国民年金の「現役加入者の死亡」、かつ厚生年金保険は退職していますが「25年以上の受給資格期間を満たした人の死亡」となります。

・S子さんは「子のある妻」なので「遺族基礎年金（子の加算あり）」と「遺族厚生年金」が支給されます（「遺族基礎年金」は下の子が18歳年度末の末日に達するまで）。

・R男さんの厚生年金保険の加入期間は20年未満なので「中高齢寡婦加算」はありません。

・S子さんは「寡婦年金」の受給要件も満たすため、60歳から65歳になるまでは寡婦年金が支給されます。寡婦年金と遺族厚生年金は、受けられる時期が重なる時はどちらか一方の選択となります。

保険料納付済期間が25年以上あったため、昔かけた厚生年金も遺族厚生年金として受けられます！

CASE2 | 夫は国民年金のみ加入、妻はOLをしたのち結婚して国民年金に加入の夫婦

　T男さんはずっと自営業だったため国民年金しか加入しておらず、65歳から老齢基礎年金だけを受給しています。一方、妻のU子さんは若いころ5年ほど銀行に勤め、その後はずっと夫とともに国民年金を納めてきたので、老齢厚生年金と老齢基礎年金を受け取っています。U子さんが亡くなった場合の遺族年金はどうでしょうか？

・このケースでは妻が先に亡くなった場合、妻の遺族厚生年金が夫の老齢基礎年金に上乗せされて支給されます（妻が25年以上の受給資格期間を満たしている場合で、夫の年収が850万円未満のときに限る）。

CASE3 | 離婚した妻と子

　会社員のW男さんと専業主婦のY子さんはこのたび離婚が成立し、長男（10歳）はY子さんが引き取り一人で育てています。ですが、まだまだ学費がかかるので、W男さんは長男に養育費を仕送りしていました。ところが、ある日突然W男さんが急死との連絡を受け、Y子さんはとまどっています。離婚したから遺族年金はもらえないのでしょうか？

・Y子さんはもう妻ではないので、遺族厚生年金も遺族基礎年金も受け取れません。
・しかし、長男は死亡者の「子」であり、仕送りを受けていたことから生計維持関係があると認められ、「遺族基礎年金」と「遺族厚生年金」の受給権があります。
・ただし、「遺族基礎年金」は"生計を同じくする母（または父）がいる場合は支給停止"となるため、「遺族厚生年金」のみを受け取ります（18歳年度末の末日または障害のある場合は20歳になるまで）。
・このように、離婚しても子を引き取っている妻は、元夫が亡くなった場合は子どもに遺族年金が受けられる場合があります（元夫に新しい妻との間に子がいない場合に限る）。

短縮（10年）年金を受けている人がなくなっても遺族年金はもらえません！

6 遺族年金の請求方法

ここが POINT! 遺族年金の必要書類は事前に問い合わせる

遺族年金等を請求するには、年金事務所か年金相談センターで手続きをします。ケースによって必要書類が異なりますので（図表71）、事前に年金事務所・街角の年金相談センター・ねんきんダイヤルに確認してください。

図表71 遺族年金の手続き書類（一般的なケース）

年金手帳・年金証書	死亡者・請求者の年金番号確認のため
戸籍謄本（記載事項証明書）	死亡者との続柄がわかるもの（死亡日以降の発行で提出日から6ヵ月以内に交付されたもの）
請求者の住民票（世帯全員）	死亡者との生計維持関係確認のため
死亡者の住民票の除票	請求者の世帯全員の住民票の写しに含まれている場合は不要
請求者の収入が確認できる書類	所得証明書、課税（非課税）証明書、源泉徴収票　等　請求者の収入（所得）確認のため
死亡診断書(死体検案書)のコピー	死亡の事実（原因）および死亡年月日確認のため
金融機関の通帳等 （請求者の本人名義）	請求書に金融機関の証明を受けた場合は添付不要
印鑑	認印可

（注1）死亡した人と請求者の住所が違う場合（施設などに入居していた場合）は、「生計同一関係に関する申立書」（日本年金機構ホームページよりダウンロード可能）を記入し、第三者に証明を依頼し署名捺印したものを添付する。

（注2）代理人が手続きに行く場合は、「委任状」（日本年金機構ホームページよりダウンロード可能）と代理人の身分証明書類が必要となる（例えば、夫が死亡し妻が請求者だが、手続きには息子が妻の代理で行く場合など）。

「死亡の連絡」と「手続き方法」について、まずは「ねんきんダイヤル」（0570－05－1165）に確認しましょう！

7 遺族年金を受けていると妻の年金はどうなるのか？

ここが **POINT!** 「妻65歳前」と「妻65歳以降」で異なる

お客さまの中には、すでに遺族年金を受けている方がいらっしゃると思われます。そのような方でも、60歳を過ぎると自分の老齢年金を受ける権利が発生します。この場合の年金はどうなるのか？　また、65歳時には？　など、よく聞かれるケースなので確認しておきましょう（遺族基礎年金は受けられないケースとします）。

(1) 妻が65歳前は…

65歳前は「1人1年金」の原則により、2つ以上の年金を受けられる場合はいずれか1つを選択することになります。

例えば、遺族厚生年金を受けている妻が自身の60歳台前半の老齢厚生年金（報酬比例部分）を受けられるようになったら、遺族厚生年金と自分の老齢厚生年金のどちらかを選択します。

妻に自身の「年金請求書」が届いたら請求手続きをし、遺族厚生年金との「選択申出書」を提出します。

(2) 妻が65歳以降は遺族年金が減額に!?

遺族厚生年金に加算されている「中高齢寡婦加算」は、65歳を過ぎると「経過的寡婦加算」となります。経過的寡婦加算は若い妻ほど少額となり、1956（昭和31）年4月2日以降生まれの妻には支給されません。したがって、65歳を過ぎると急に遺族厚生年金が少なくなるケースが多くあります。

一方、65歳からは妻の老齢基礎年金と老齢厚生年金を受け取る権利が発生し、これらが優先支給されます。

遺族厚生年金は、①遺族厚生年金と②遺族厚生年金の2／3＋妻の老齢厚生年金の1／2の多い方から、妻の老齢厚生年金を差し引いた差額支給とな

121

ります（2007（平成19）年 4 月以降の死亡の場合）（図表72）。

図表72　妻65歳以降の年金

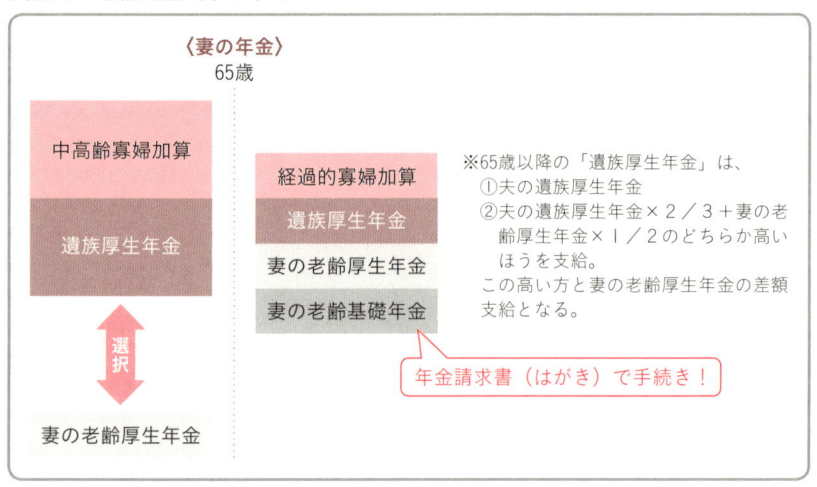

この「妻の老齢厚生年金」と「妻の老齢基礎年金」は、65歳時に届く「年金請求書（はがきタイプ）」を提出して請求します。年金請求書（はがきタイプ）が届かない方は、年金事務所に確認したほうがよいでしょう。

「遺族年金をもらっているから自分の年金はもらえない（もらわない）」と思い込んで請求していないと、65歳からは減った遺族年金のみを受給することになりますので注意が必要です。

　妻が老齢基礎年金を繰上げ受給している場合、65歳前は遺族厚生年金と同時には受け取れず、選択受給となります。遺族厚生年金を選ぶと、繰り上げた老齢基礎年金は受け取れません。65歳からは老齢基礎年金も復活支給されますが、繰り上げているので減額した額での支給になります。

【参考資料❶】 老齢年金の経過措置早見表（平成31年度）

生年月日	平成31年度に迎える年齢	受給資格期間※			老齢基礎年金	
		A 被用者年金の加入期間	B 厚生年金保険の中高齢特例	C 国民年金と合せた期間	D 加入可能年数	E 振替加算額（年額）
大正15.4.2 ～昭和 2.4.1	93歳	20年	15年	21年	25年	224,500円
昭和 2.4.2 ～昭和 3.4.1	92歳	〃	〃	22年	26年	218,439円
昭和 3.4.2 ～昭和 4.4.1	91歳	〃	〃	23年	27年	212,602円
昭和 4.4.2 ～昭和 5.4.1	90歳	〃	〃	24年	28年	206,540円
昭和 5.4.2 ～昭和 6.4.1	89歳	〃	〃	25年※	29年	200,479円
昭和 6.4.2 ～昭和 7.4.1	88歳	〃	〃	〃	30年	194,642円
昭和 7.4.2 ～昭和 8.4.1	87歳	〃	〃	〃	31年	188,580円
昭和 8.4.2 ～昭和 9.4.1	86歳	〃	〃	〃	32年	182,519円
昭和 9.4.2 ～昭和10.4.1	85歳	〃	〃	〃	33年	176,682円
昭和10.4.2 ～昭和11.4.1	84歳	〃	〃	〃	34年	170,620円
昭和11.4.2 ～昭和12.4.1	83歳	〃	〃	〃	35年	164,559円
昭和12.4.2 ～昭和13.4.1	82歳	〃	〃	〃	36年	158,722円
昭和13.4.2 ～昭和14.4.1	81歳	〃	〃	〃	37年	152,660円
昭和14.4.2 ～昭和15.4.1	80歳	〃	〃	〃	38年	146,599円
昭和15.4.2 ～昭和16.4.1	79歳	〃	〃	〃	39年	140,762円
昭和16.4.2 ～昭和17.4.1	78歳	〃	〃	〃	40年	134,700円
昭和17.4.2 ～昭和18.4.1	77歳	〃	〃	〃	〃	128,639円
昭和18.4.2 ～昭和19.4.1	76歳	〃	〃	〃	〃	122,802円
昭和19.4.2 ～昭和20.4.1	75歳	〃	〃	〃	〃	116,740円
昭和20.4.2 ～昭和21.4.1	74歳	〃	〃	〃	〃	110,679円
昭和21.4.2 ～昭和22.4.1	73歳	〃	〃	〃	〃	104,842円
昭和22.4.2 ～昭和23.4.1	72歳	〃	16年	〃	〃	98,780円
昭和23.4.2 ～昭和24.4.1	71歳	〃	17年	〃	〃	92,719円
昭和24.4.2 ～昭和25.4.1	70歳	〃	18年	〃	〃	86,882円
昭和25.4.2 ～昭和26.4.1	69歳	〃	19年	〃	〃	80,820円
昭和26.4.2 ～昭和27.4.1	68歳	〃	—	〃	〃	74,759円
昭和27.4.2 ～昭和28.4.1	67歳	21年	—	〃	〃	68,922円
昭和28.4.2 ～昭和29.4.1	66歳	22年	—	〃	〃	62,860円
昭和29.4.2 ～昭和30.4.1	65歳	23年	—	〃	〃	56,799円
昭和30.4.2 ～昭和31.4.1	64歳	24年	—	〃	〃	50,962円
昭和31.4.2 ～昭和32.4.1	63歳	—	—	〃	〃	44,900円
昭和32.4.2 ～昭和33.4.1	62歳	—	—	〃	〃	38,839円
昭和33.4.2 ～昭和34.4.1	61歳	—	—	〃	〃	33,002円
昭和34.4.2 ～昭和35.4.1	60歳	—	—	〃	〃	26,940円
昭和35.4.2 ～昭和36.4.1	59歳	—	—	〃	〃	20,879円
昭和36.4.2 ～昭和37.4.1	58歳	—	—	〃	〃	15,042円
昭和37.4.2 ～昭和38.4.1	57歳	—	—	〃	〃	15,042円
昭和38.4.2 ～昭和39.4.1	56歳	—	—	〃	〃	15,042円
昭和39.4.2 ～昭和40.4.1	55歳	—	—	〃	〃	15,042円
昭和40.4.2 ～昭和41.4.1	54歳	—	—	〃	〃	15,042円
昭和41.4.2以後	53歳以下	—	—	〃	〃	—

※受給資格期間は10年に短縮されたが、長期要件による遺族年金の特例には適用される。

A欄　厚生年金保険、共済年金の期間を合算した期間
B欄　一般男子は40歳から、女子・坑内員・船員は35歳からの厚生年金保険の加入期間
C欄　公的年金（国民年金、厚生年金保険、共済組合）の期間合算、カラ期間も含めて計算

老齢厚生年金									
F		G		H—1 (従前)	H—2 (本来)	H—3 (従前)	H—4 (本来)	I	J
男子の支給開始年齢		女子の支給開始年齢		HI5.3以前		HI5.4以後		定額部分の読替率	加給年金額(年額)
				報酬比例部分の乗率 (1000分の)					
報酬	定額	報酬	定額						
60歳		55歳		10/1000	9.5/1000	7.692/1000	7.308/1000	1.875	224,500円
〃		〃		9.86	9.367	7.585	7.205	1.817	〃
〃		〃		9.72	9.234	7.477	7.103	1.761	〃
〃		〃		9.58	9.101	7.369	7.001	1.707	〃
〃		〃		9.44	8.968	7.262	6.898	1.654	〃
〃		〃		9.31	8.845	7.162	6.804	1.603	〃
〃		56歳		9.17	8.712	7.054	6.702	1.553	〃
〃		〃		9.04	8.588	6.954	6.606	1.505	〃
〃		57歳		8.91	8.465	6.854	6.512	1.458	257,700円
〃		〃		8.79	8.351	6.762	6.424	1.413	〃
〃		58歳		8.66	8.227	6.662	6.328	1.369	〃
〃		〃		8.54	8.113	6.569	6.241	1.327	〃
〃		59歳		8.41	7.990	6.469	6.146	1.286	〃
〃		〃		8.29	7.876	6.377	6.058	1.246	〃
〃		60歳		8.18	7.771	6.292	5.978	1.208	290,700円
60歳	61歳	〃		8.06	7.657	6.200	5.890	1.170	323,900円
〃	〃	〃		7.94	7.543	6.108	5.802	1.134	357,000円
〃	62歳	〃		7.83	7.439	6.023	5.722	1.099	390,100円
〃	〃	〃		7.72	7.334	5.938	5.642	1.065	〃
〃	63歳	〃		7.61	7.230	5.854	5.562	1.032	〃
〃	〃	60歳	61歳	7.50	7.125	5.769	5.481	1.000	〃
〃	64歳	〃	〃	〃	〃	〃	〃	〃	〃
〃	〃	〃	62歳	〃	〃	〃	〃	〃	〃
〃	65歳	〃	〃	〃	〃	〃	〃	〃	〃
〃	〃	〃	63歳	〃	〃	〃	〃	〃	〃
〃	〃	〃	64歳	〃	〃	〃	〃	〃	〃
61歳	〃	〃	〃	〃	〃	〃	〃	〃	〃
〃	〃	〃	65歳	〃	〃	〃	〃	〃	〃
62歳	〃	〃	〃	〃	〃	〃	〃	〃	〃
63歳	〃	〃	〃	〃	〃	〃	〃	〃	〃
〃	〃	61歳	〃	〃	〃	〃	〃	〃	〃
64歳	〃	〃	〃	〃	〃	〃	〃	〃	〃
〃	〃	62歳	〃	〃	〃	〃	〃	〃	〃
65歳	〃	〃	〃	〃	〃	〃	〃	〃	〃
〃	〃	63歳	〃	〃	〃	〃	〃	〃	〃
〃	〃	〃	〃	〃	〃	〃	〃	〃	〃
〃	〃	64歳	〃	〃	〃	〃	〃	〃	〃
〃	〃	〃	〃	〃	〃	〃	〃	〃	〃
〃	〃	65歳	〃	〃	〃	〃	〃	〃	〃

I欄　定額部分の計算は、「1,625円×読替率（1.875〜1.000）×被保険者期間の月数（上限あり）」
F欄・G欄　「報酬」は報酬比例部分の支給開始年齢、「定額」は定額部分の支給開始年齢
H−1、H−3　従前額保障の年金額を計算するときに使用
H−2、H−4　本来水準の年金額を計算するときに使用

【参考資料❷-1】 在職老齢年金支給額早見表（65歳未満）

（単位：万円）

基本月額（年金） \	1	2	3	4	5	6	7	8	9	10	11	12	13	14	15	16	17	18	19	20
10	1	2	3	4	5	6	7	8	9	10	11	12	13	14	15	16	17	18	18.5	19
11	1	2	3	4	5	6	7	8	9	10	11	12	13	14	15	16	17	17.5	18	18.5
12	1	2	3	4	5	6	7	8	9	10	11	12	13	14	15	16	16.5	17	17.5	18
13	1	2	3	4	5	6	7	8	9	10	11	12	13	14	15	15.5	16	16.5	17	17.5
14	1	2	3	4	5	6	7	8	9	10	11	12	13	14	14.5	15	15.5	16	16.5	17
15	1	2	3	4	5	6	7	8	9	10	11	12	13	13.5	14	14.5	15	15.5	16	16.5
16	1	2	3	4	5	6	7	8	9	10	11	12	12.5	13	13.5	14	14.5	15	15.5	16
17	1	2	3	4	5	6	7	8	9	10	11	11.5	12	12.5	13	13.5	14	14.5	15	15.5
18	1	2	3	4	5	6	7	8	9	10	10.5	11	11.5	12	12.5	13	13.5	14	14.5	15
19	1	2	3	4	5	6	7	8	9	9.5	10	10.5	11	11.5	12	12.5	13	13.5	14	14.5
20	1	2	3	4	5	6	7	8	8.5	9	9.5	10	10.5	11	11.5	12	12.5	13	13.5	14
21	1	2	3	4	5	6	7	7.5	8	8.5	9	9.5	10	10.5	11	11.5	12	12.5	13	13.5
22	1	2	3	4	5	6	6.5	7	7.5	8	8.5	9	9.5	10	10.5	11	11.5	12	12.5	13
23	1	2	3	4	5	5.5	6	6.5	7	7.5	8	8.5	9	9.5	10	10.5	11	11.5	12	12.5
24	1	2	3	4	4.5	5	5.5	6	6.5	7	7.5	8	8.5	9	9.5	10	10.5	11	11.5	12
25	1	2	3	3.5	4	4.5	5	5.5	6	6.5	7	7.5	8	8.5	9	9.5	10	10.5	11	11.5
26	1	2	2.5	3	3.5	4	4.5	5	5.5	6	6.5	7	7.5	8	8.5	9	9.5	10	10.5	11
27	1	1.5	2	2.5	3	3.5	4	4.5	5	5.5	6	6.5	7	7.5	8	8.5	9	9.5	10	10.5
28	0.5	1	1.5	2	2.5	3	3.5	4	4.5	5	5.5	6	6.5	7	7.5	8	8.5	9	9.5	10
29	0	0.5	1	1.5	2	2.5	3	3.5	4	4.5	5	5.5	6	6.5	7	7.5	8	8.5	9	9.5
30		0	0.5	1	1.5	2	2.5	3	3.5	4	4.5	5	5.5	6	6.5	7	7.5	8	8.5	9
31			0	0.5	1	1.5	2	2.5	3	3.5	4	4.5	5	5.5	6	6.5	7	7.5	8	8.5
32				0	0.5	1	1.5	2	2.5	3	3.5	4	4.5	5	5.5	6	6.5	7	7.5	8
33					0	0.5	1	1.5	2	2.5	3	3.5	4	4.5	5	5.5	6	6.5	7	7.5
34						0	0.5	1	1.5	2	2.5	3	3.5	4	4.5	5	5.5	6	6.5	7
35							0	0.5	1	1.5	2	2.5	3	3.5	4	4.5	5	5.5	6	6.5
36								0	0.5	1	1.5	2	2.5	3	3.5	4	4.5	5	5.5	6
37									0	0.5	1	1.5	2	2.5	3	3.5	4	4.5	5	5.5
38										0	0.5	1	1.5	2	2.5	3	3.5	4	4.5	5
39											0	0.5	1	1.5	2	2.5	3	3.5	4	4.5
40												0	0.5	1	1.5	2	2.5	3	3.5	4
41													0	0.5	1	1.5	2	2.5	3	3.5
42														0	0.5	1	1.5	2	2.5	3
43															0	0.5	1	1.5	2	2.5
44																0	0.5	1	1.5	2
45																	0	0.5	1	1.5
46																		0	0.5	1

※左欄は総報酬月額相当額（給与）

（平成31年度）

※基本月額（年金）…厚生年金の「報酬比例部分」の1/12
※総報酬月額相当額（給与）…｛（その月の標準報酬月額）＋（その月以前1年間の標準賞与額）｝の1/12
※基金の加入期間のある人は、基金の代行部分も基本月額（年金）に含めて計算する。
※高年齢雇用継続給付金を受けられる場合は、標準報酬月額の6％を限度とした額がさらに支給停止となる。

【参考資料❷-2】 在職老齢年金支給額早見表（65歳以降）

↓老齢厚生年金の報酬比例部分

（単位：万円）

総報酬月額相当額（給与）

基本月額（年金）	1	2	3	4	5	6	7	8	9	10	11	12	13	14	15	16	17	18	19	20
27	1	2	3	4	5	6	7	8	9	10	11	12	13	14	15	16	17	18	19	20
28	1	2	3	4	5	6	7	8	9	10	11	12	13	14	15	16	17	18	19	19.5
29	1	2	3	4	5	6	7	8	9	10	11	12	13	14	15	16	17	18	18.5	19
30	1	2	3	4	5	6	7	8	9	10	11	12	13	14	15	16	17	17.5	18	18.5
31	1	2	3	4	5	6	7	8	9	10	11	12	13	14	15	16	16.5	17	17.5	18
32	1	2	3	4	5	6	7	8	9	10	11	12	13	14	15	15.5	16	16.5	17	17.5
33	1	2	3	4	5	6	7	8	9	10	11	12	13	14	14.5	15	15.5	16	16.5	17
34	1	2	3	4	5	6	7	8	9	10	11	12	13	13.5	14	14.5	15	15.5	16	16.5
35	1	2	3	4	5	6	7	8	9	10	11	12	12.5	13	13.5	14	14.5	15	15.5	16
36	1	2	3	4	5	6	7	8	9	10	11	11.5	12	12.5	13	13.5	14	14.5	15	15.5
37	1	2	3	4	5	6	7	8	9	10	10.5	11	11.5	12	12.5	13	13.5	14	14.5	15
38	1	2	3	4	5	6	7	8	9	9.5	10	10.5	11	11.5	12	12.5	13	13.5	14	14.5
39	1	2	3	4	5	6	7	8	8.5	9	9.5	10	10.5	11	11.5	12	12.5	13	13.5	14
40	1	2	3	4	5	6	7	7.5	8	8.5	9	9.5	10	10.5	11	11.5	12	12.5	13	13.5
41	1	2	3	4	5	6	6.5	7	7.5	8	8.5	9	9.5	10	10.5	11	11.5	12	12.5	13
42	1	2	3	4	5	5.5	6	6.5	7	7.5	8	8.5	9	9.5	10	10.5	11	11.5	12	12.5
43	1	2	3	4	4.5	5	5.5	6	6.5	7	7.5	8	8.5	9	9.5	10	10.5	11	11.5	12
44	1	2	3	3.5	4	4.5	5	5.5	6	6.5	7	7.5	8	8.5	9	9.5	10	10.5	11	11.5
45	1	2	2.5	3	3.5	4	4.5	5	5.5	6	6.5	7	7.5	8	8.5	9	9.5	10	10.5	11
46	1	1.5	2	2.5	3	3.5	4	4.5	5	5.5	6	6.5	7	7.5	8	8.5	9	9.5	10	10.5
47	0.5	1	1.5	2	2.5	3	3.5	4	4.5	5	5.5	6	6.5	7	7.5	8	8.5	9	9.5	10
48	0	0.5	1	1.5	2	2.5	3	3.5	4	4.5	5	5.5	6	6.5	7	7.5	8	8.5	9	9.5
49		0	0.5	1	1.5	2	2.5	3	3.5	4	4.5	5	5.5	6	6.5	7	7.5	8	8.5	9
50			0	0.5	1	1.5	2	2.5	3	3.5	4	4.5	5	5.5	6	6.5	7	7.5	8	8.5
51				0	0.5	1	1.5	2	2.5	3	3.5	4	4.5	5	5.5	6	6.5	7	7.5	8
52					0	0.5	1	1.5	2	2.5	3	3.5	4	4.5	5	5.5	6	6.5	7	7.5
53						0	0.5	1	1.5	2	2.5	3	3.5	4	4.5	5	5.5	6	6.5	7
54							0	0.5	1	1.5	2	2.5	3	3.5	4	4.5	5	5.5	6	6.5
55								0	0.5	1	1.5	2	2.5	3	3.5	4	4.5	5	5.5	6
56									0	0.5	1	1.5	2	2.5	3	3.5	4	4.5	5	5.5
57										0	0.5	1	1.5	2	2.5	3	3.5	4	4.5	5
58											0	0.5	1	1.5	2	2.5	3	3.5	4	4.5
59												0	0.5	1	1.5	2	2.5	3	3.5	4
60													0	0.5	1	1.5	2	2.5	3	3.5
61														0	0.5	1	1.5	2	2.5	3
62															0	0.5	1	1.5	2	2.5
63																0	0.5	1	1.5	2
64																	0	0.5	1	1.5
65																		0	0.5	1
66																			0	0.5
67																				0

（平成31年度）

※基本月額（年金）…厚生年金の「報酬比例部分」の1/12
※総報酬月額相当額（給与）…｛（その月の標準報酬月額）＋（その月以前1年間の標準賞与額）｝の1/12
※基金の加入期間のある人は、基金の代行部分も基本月額（年金）に含めて計算する。

【参考資料❸】障害等級表

程度		障害の状態
1級	1	両眼の視力の和が0.04以下のもの
	2	両耳の聴力レベルが100デシベル以上のもの
	3	両上肢の機能に著しい障害を有するもの
	4	両上肢のすべての指を欠くもの
	5	両上肢のすべての指の機能に著しい障害を有するもの
	6	両下肢の機能に著しい障害を有するもの
	7	両下肢を足関節以上で欠くもの
	8	体幹の機能に座っていることができない程度又は立ち上がることができない程度の障害を有するもの
	9	前各号に掲げるもののほか、身体の機能の障害又は長期にわたる安静を必要とする症状が前各号と同程度以上と認められる状態であって日常生活の用を弁ずることを不能ならしめる程度のもの
	10	精神の障害であって、前各号と同程度以上と認められる程度のもの
	11	身体の機能の障害若しくは病状又は精神の障害が重複する場合であって、その状態が前各号と同程度以上と認められる程度のもの
2級	1	両眼の視力の和が0.05以上0.08以下のもの
	2	両耳の聴力レベルが90デシベル以上のもの
	3	平衡機能に著しい障害を有するもの
	4	そしゃくの機能を欠くもの
	5	音声又は言語機能に著しい障害を有するもの
	6	両上肢のおや指及びひとさし指又は中指を欠くもの
	7	両上肢のおや指及びひとさし指又は中指の機能に著しい障害を有するもの
	8	1上肢の機能に著しい障害を有するもの
	9	1上肢のすべての指を欠くもの
	10	1上肢のすべての指の機能に著しい障害を有するもの
	11	両下肢のすべての指を欠くもの
	12	1下肢の機能に著しい障害を有するもの
	13	1下肢を足関節以上で欠くもの
	14	体幹の機能に歩くことができない程度の障害を有するもの
	15	前各号に掲げるもののほか、身体の機能の障害又は長期にわたる安静を必要とする症状が前各号と同程度以上と認められる状態であって、日常生活が著しい制限を受けるか、又は、日常生活に著しい制限を加えることを必要とする程度のもの
	16	精神の障害であって、前各号と同程度以上と認められる程度のもの
	17	身体の機能の障害若しくは病状又は精神の障害が重複する場合であって、その状態が前各号と同程度以上と認められる程度のもの
3級（厚生年金保険の加入者に限る）	1	両眼の視力が0.1以下に減じたもの
	2	両耳の聴力が、40センチメートル以上では通常の話声を解することができない程度に減じたもの
	3	そしゃく又は言語の機能に相当程度の障害を残すもの
	4	脊柱の機能に著しい障害を残すもの
	5	1上肢の3大関節のうち、2関節の用を廃したもの

程度		障害の状態
3級（厚生年金保険の加入者に限る）	6	1下肢の3大関節のうち、2関節の用を廃したもの
	7	長管状骨（上腕、前腕、大腿、下腿の管状の骨）に疑関節を残し、運動機能に著しい障害を残すもの
	8	1上肢のおや指及びひとさし指を失ったもの又はおや指若しくはひとさし指を併せ、1上肢の3指以上を失ったもの
	9	おや指及びひとさし指を併せ1上肢の4指の用を廃したもの
	10	1下肢をリスフラン関節（足趾の一番付け根、土踏まずの前方）以上で失ったもの
	11	両下肢の十趾の用を廃したもの
	12	前各号に掲げるもののほか、身体の機能に、労働が著しい制限を受けるか、又は労働に著しい制限を加えることを必要とする程度の障害を残すもの
	13	精神又は神経系統に、労働が著しい制限を受けるか、又は労働に著しい制限を加えることを必要とする程度の障害を残すもの
	14	障害が治らないで、身体の機能又は精神若しくは神経系統に労働が制限を受けるか、又は労働に制限を加えることを必要とする程度の障害を有するものであって、厚生労働大臣が定めるもの
障害手当金	1	両眼の視力が0.6以下に減じたもの
	2	1眼の視力が0.1以下に減じたもの
	3	両眼のまぶたに著しい欠損を残すもの
	4	両眼による視野が2分の1以上欠損したもの又は両眼の視野が10度以内のもの
	5	両眼の調節機能及び輻輳（ふくそう）機能に著しい障害を残すもの
	6	1耳の聴力が、耳殻に接しなければ大声による話を解することができない程度に減じたもの
	7	そしゃく又は言語の機能に障害を残すもの
	8	鼻を欠損し、その機能に著しい障害を残すもの
	9	脊柱の機能に障害を残すもの
	10	1上肢の3大関節のうち、2関節に著しい機能障害を残すもの
	11	1下肢の3大関節のうち、1関節に著しい機能障害を残すもの
	12	1下肢を3センチメートル以上短縮したもの
	13	長管状骨（上腕、前腕、大腿、下腿の管状の骨）に著しい転移変形を残すもの
	14	1上肢の2指以上を失ったもの
	15	1上肢のひとさし指を失ったもの
	16	1上肢の3指以上の用を廃したもの
	17	ひとさし指を併せ1上肢の2指の用を廃したもの
	18	1上肢のおや指の用を廃したもの
	19	1下肢の第1趾又は他の4趾以上を失ったもの
	20	1下肢の5趾の用を廃したもの
	21	前各号に掲げるもののほか、身体の機能に、労働が制限を受けるか又は労働に制限を加えることを必要とする程度の障害を残すもの
	22	精神又は神経系統に、労働が制限を受けるか、又は労働に制限を加えることを必要とする程度の障害を残すもの

（出所）国民年金施行令および厚生年金保険法施行令

おわりに

　本書執筆のお話をいただいた時に、当初、少し迷いました。私のメイン業務は社会保険料務士業ですが、その他、行政書士、ファイナンシャル・プランナーという、あわせて３つの仕事をしておりますので、年金を専門にしているわけではないからです。ただ、様々な場所で相談をお受けしていると、相互の資格が役に立つことがあります。例えば、老後の資金相談をお受けしていると、年金や雇用保険の知識が必要になったり、子どもの教育費用の貯蓄方法の相談であれば、専業主婦の奥様が何歳から職場復帰するかの社会保険の知識だったりと、年金や社会保険の知識は、少子高齢化が急激に進んだ日本では必須といえるようになっているのを日々感じます。

　本書は金融機関にお勤めの方をメインターゲットにしています。ファイナンシャル・プランナーの知識をお持ちの方も多いでしょう。ファイナンシャル・プランナーの資格取得では、「広く浅く」しか年金の知識を学びません。しかもライフプランという１課目の中だけです。これでは、実際にお客さまの相談をお受けするレベルにはまだまだ達していないのが実情でしょう。本書が、今後お客さまの相談を受け、正しい年金の知識をお伝えできるような助けになれれば幸いです。

社会保険労務士　當舎　緑

年金相談が人生相談になることがよくあります。すべての方にこれまで歩んでこられた人生があり、加入歴をお聞きしているとさまざまな出来事や思い出を話してくださいます。そんなときにもらい忘れやご家族の障害年金の可能性を見つけたり、納付方法、受取方法の選択肢をご紹介したりして大変喜ばれることもあり、私にとって非常にやりがいを感じる瞬間です。

　20歳以降はどんな人でも公的年金制度に加入するのが基本ですが、そのときの経済状況、年金制度の認知度の低さや無関心から、加入（納付や免除申請）をしていない期間がある人は多いものです。年金を受け取る時期になって「きちんと加入していれば…」「制度を知っていれば…」と悔やむ人もたくさんいます。

　私自身も年金について真剣に学んだのは14年勤めた会社を退職したときでした。でもそこからは「きちんと加入する」「少しでも有利な方法を研究する」「身近な人にも教えてあげる」ことを心がけてきました。今は仕事として年金相談に携わっているため多くの方に年金についてお話しすることができ、とても有難いことだと思っています。

　残念なことに、年金不信をあおる報道から若い方が年金の保険料を納めない風潮もありますが、年金は老後の自分のためだけではなく現在の高齢者の年金も支えていること、きちんと納めていることで障害や死亡といったリスクにも備えられることを知っていただきたいと思っています。

　この大切な年金制度について学校でもっとしっかり教えていくべきだとも思いますし、お客さまのライフイベントや資産形成にかかわるお仕事をされている金融機関の皆さんにも、年金を好きになっていただき、お客さまのためにアドバイスしていただければと願っています。

　この本がお客さまの年金についてお声かけできるきっかけとなりましたら幸いです。

社会保険労務士　　林　　裕子

参考文献

日本法令『年金相談標準ハンドブック』
服部年金企画『公的年金のしくみ』『年金の取り方と年金の手続き』
サンライフ企画『よくわかる年金制度のあらまし』
学研プラス『世界一やさしい障害年金の本』
日本法令『遺族年金基礎講座』

執筆者プロフィール

當舎　緑（序章、第2章、第3章担当）

神戸大学農学部卒業。食品メーカーにて製品の管理および開発を担当。労働保険事務組合勤務を経て、當舎緑社会保険労務士事務所開業。のちに行政書士、CFP®認定者資格（日本FP協会）を取得。「子どもにかけるお金を考える会」メンバーとして教育資金アドバイスなどにも取り組むなど、企業・個人向けに幅広く相談業務を行っている。

神奈川県内の病院において、がん患者就労支援相談員としても活躍中。

一般社団法人かながわFP生活相談センター理事。

林　裕子（第1章、第4章、第5章担当）

津田塾大学学芸学部数学科卒業。日本アイ・ビー・エム株式会社に14年勤務後、社会保険労務士資格を取得。社労士事務所・会計事務所での勤務を経て、はやし社会保険労務士事務所開業。中小企業の労務相談では、ワーキングマザーの経験から女性社員活用アドバイスに力を入れている。老齢・遺族・障害年金の相談・手続代行多数。

金融機関での年金相談・年金研修のほか、街角の年金相談センター（全国社会保険労務士会運営）の相談員として活動中。

株式会社アルファ・テン取締役兼務。

お客さまに教えてあげたい
「もらい忘れ年金」の見つけ方

2019年3月1日　初版発行

著　者　　　當舎　緑
　　　　　　林　裕子

発行者　　　楠　真一郎

発行所　　　株式会社近代セールス社
　　　　　　〒165-8777　東京都中野区新井2-10-11　ヤシマ1804ビル4階
　　　　　　電話　(03) 6866-7586　FAX (03) 6866-7596

印刷・製本　　株式会社アド・ティーエフ

装　幀　　　松田　陽（86GRAPHICS）

イラスト　　倉若　志信（株式会社アド・ティーエフ）

ISBN 978-4-7650-2131-9 C2033